O TEMPO DO BUDA

LAMA SURYA DAS

O TEMPO DO BUDA

Abrindo os Olhos para as Infinitas
Possibilidades do Agora

Tradução
ANA TIEMI MISSATO CIPOLLA
DANIEL EITI MISSATO CIPOLLA

Editora
Cultrix
SÃO PAULO

Título original: *Buddha Standard Time*

Copyright © 2011 Lama Surya Das

Publicado mediante acordo com HarperCollins Publishers.

Copyright da edição brasileira © 2013 Editora Pensamento-Cultrix Ltda.

Texto de acordo com as novas regras ortográficas da língua portuguesa.

1ª edição 2013.

1ª reimpressão 2015.

Todos os direitos reservados. Nenhuma parte desta obra pode ser reproduzida ou usada de qualquer forma ou por qualquer meio, eletrônico ou mecânico, inclusive fotocópias, gravações ou sistema de armazenamento em banco de dados, sem permissão por escrito, exceto nos casos de trechos curtos citados em resenhas críticas ou artigos de revistas.

A Editora Cultrix não se responsabiliza por eventuais mudanças ocorridas nos endereços convencionais ou eletrônicos citados neste livro.

Editor: Adilson Silva Ramachandra
Editora de texto: Denise de C. Rocha Delela
Coordenação editorial: Roseli de S. Ferraz
Preparação de originais: Marcelo Brandão Cipolla
Produção editorial: Indiara Faria Kayo
Assistente de produção editorial: Estela A. Minas
Editoração eletrônica: Fama Editora
Revisão: Liliane S. M. Cajado e Vivian Miwa Matsushita

CIP-BRASIL. CATALOGAÇÃO NA PUBLICAÇÃO
SINDICATO NACIONAL DOS EDITORES DE LIVROS, RJ

S961t

Surya Das, Lama, 1950-

    O tempo do Buda : abrindo os olhos para as infinitas possibilidades do agora / Lama Surya Das ; tradução Ana Tiemi Missato Cipolla, Daniel Eiti Missato Cipolla. — 1. ed. - São Paulo : Cultrix, 2013.

    Tradução de: Buddha standard time
    ISBN 978-85-316-1244-2
    1. Buda. 2. Vida espiritual - Budismo. 3. Meditação - Budismo. I. Título.

13-03676

CDD: 294.3444

CDU: 24-584

Direitos de tradução para o Brasil adquiridos com exclusividade pela EDITORA PENSAMENTO-CULTRIX LTDA., que se reserva a propriedade literária desta tradução.

Rua Dr. Mário Vicente, 368 — 04270-000 — São Paulo, SP

Fone: (11) 2066-9000 — Fax: (11) 2066-9008

http://www.editoracultrix.com.br

E-mail: atendimento@editoracultrix.com.br

Foi feito o depósito legal.

*Um momento de consciência plena
é um momento de liberdade e iluminação.*

— Manjusri, da "Canção do Deus da Sabedoria"

SUMÁRIO

Introdução: Fazendo as Pazes com o Tempo...................................... 9

Capítulo 1 Abra os Olhos para o Ritmo Natural............................ 21

Capítulo 2 Abra Espaço para o seu Eu Superior............................ 39

Capítulo 3 Como Entrar em Sincronia 61

Capítulo 4 Como Entender Nossos Poderes de Percepção 85

Capítulo 5 Administre o Tempo com Sabedoria 104

Capítulo 6 Crie Espaço no Ritmo Certo 125

Capítulo 7 Viva no Tempo e no Espaço Sagrados........................ 144

Capítulo 8 A Roda do Tempo.. 166

Conclusão: As Infinitas Possibilidades do Agora 193

Agradecimentos.. 197

Sobre o Centro Dzogchen... 199

Introdução

FAZENDO AS PAZES COM O TEMPO

Ser capaz de não ter pressa quando apressado;
Ser capaz de não ter preguiça ao relaxar;
Ser capaz de não se atemorizar
E de não ficar sem saber aonde ir
Quando estiver com medo e desorientado;
Esse é o aprendizado que nos leva de volta
Ao nosso estado natural e transforma a nossa vida.

— Liu Wenmin, poeta do início do século XVI

Há éons que as pessoas vêm tentando entender o conceito de tempo. De Sófocles a Benjamin Franklin, de Einstein a Mick Jagger, a sabedoria nos foi transmitida: O tempo é a substância da vida. Tempo é dinheiro. O tempo é essencial. O tempo voa. O tempo é relativo. O tempo está do meu lado. O tempo é um ladrão cruel.

Medimos o tempo. Perdemos tempo. Matamos o tempo. Não temos tempo. Ultimamente, a última frase é a que mais escuto. Num estado de espírito que varia entre o aborrecimento, a agitação e o desespero, as pessoas sempre me dizem: "Eu não tenho tempo!".

Não surpreende que muitos de nós se sintam dessa maneira. O ritmo da vida é muito mais frenético do que era uma geração atrás, e inimaginavelmente mais rápido do que no antigo mundo de Moisés ou Confúcio. Tentar acompanhar o ritmo dos dias de hoje é uma tarefa árdua. Esse estresse se manifesta na forma de deficiências imunológicas, pressão alta, ataques cardíacos e derrames, insônia e problemas digestivos. O estresse diminui a nossa capacidade de pensar claramente e de tomar decisões competentes, aumenta o mau humor e nos faz trabalhar com displicência. Como resultado, temos mais problemas no cotidiano: discussões no trabalho e em casa, acidentes de trânsito por dirigir em alta velocidade tagarelando ao celular e preocupações não resolvidas por não termos tempo para desabafar. Além disso, o estresse causa problemas de fertilidade, embranquece os cabelos e desgasta o corpo antes da hora. O estresse, quando se prolonga por muito tempo, pode até mudar a configuração do cérebro, nos deixando mais vulneráveis à ansiedade e à depressão, à obesidade e ao abuso de substâncias.

Eu aprendi por mim mesmo algumas lições severas sobre a aceleração assustadora da vida quando voltei aos Estados Unidos no fim da década de 1980, depois de passar quase vinte anos no Oriente. Vivi na Índia e no Himalaia durante a maior parte da minha juventude, num ritmo calmo e natural, livre de eletricidade. Depois, com trinta e poucos anos, morei por um tempo num retiro dedicado à tradicional meditação tibetana *Dzogchen*, no Centro de Retiros Nyingma, no vale do rio Dordonha, lugar de florestas densas no sul da França. Quando finalmente voltei para casa, me senti como Rip Van Winkle: a complexidade do mundo havia crescido tão exponencialmente que o moderno modo de vida americano era quase irreconhecível para mim. Não estava acostumado ao mercantilismo feroz, ao tumulto constante de produtos sendo apregoados. Até mesmo os centros de meditação e *ashrams* tinham se tornado verdadeiros supermercados espirituais, com butiques e cafés vendendo mercadorias e artigos importados para ajudar a manter o seu *status* de "sem fins lucrativos".

À medida que começava a me acostumar ao estilo de vida ocidental depois de tanto tempo vivendo na simplicidade monástica, o que mais me afetou foi a nova aversão às tarefas comuns da vida diária. Por isso as ferramentas de economia de tempo estavam por toda parte: máquinas de café expresso, *fast-food*, caixas automáticos, fornos de micro-ondas, computadores pessoais — como se de algum modo a vida ficasse melhor se pudéssemos acelerar a nossa passagem por ela. De lá para cá, essa mensagem se intensificou ainda mais. Hoje em dia, os jovens me dizem que não têm tempo nem para falar ao celular ou para trocar e-mails. Eles preferem usar as mensagens de texto. A resposta instantânea que a nova tecnologia possibilita alterou a nossa percepção do tempo. E como resultado, paradoxalmente, a maior parte das pessoas sente que tem muito menos tempo.

Sentimos que os esforços atuais para economizar tempo saíram pela culatra, criando seus próprios problemas, problemas graves. Nossos avanços tecnológicos e a nossa acessibilidade constante obscureceram a distinção entre o tempo livre e o trabalho. Assim que acostumamos nossa mente com um novo programa de computador, ele se torna obsoleto. Podemos gastar minutos preciosos ao telefone com alguém do outro lado do mundo tentando descobrir como reiniciar o cérebro eletrônico da nossa secadora, fogão ou máquina de café expresso. Leva tempo para aprender a usar o banco *on-line*, conectar-se com amigos pelo Facebook, dominar as complexidades dos smartphones e GPS ou baixar um *best-seller* nos nossos *e-readers*. Quando o Excel trava e o trabalho é perdido depois de uma hora passando dados no limite do prazo de entrega, a nossa pressão sanguínea sobe às alturas. Existe até mesmo tecnologia para resolver os problemas criados pela tecnologia. Recentemente fiquei sabendo de uma função experimental do Google chamada *Email Addict*, que impede o acesso à caixa de entrada, forçando os usuários compulsivos de e-mail a fazerem uma pausa.

Não me entenda mal. Creio que vivemos numa era maravilhosa, tão milagrosa e futurística quanto qualquer coisa de *Jornada nas Estrelas* ou dos *Jetsons*, séries da minha infância. Adoro poder conversar cara a cara pelo laptop com alguém no outro lado do mundo ou poder baixar um livro ou uma música em um minuto. O problema para muitos é aprender como se desligar de toda essa agitação para ter um pouco de paz e tranquilidade. E quanto do nosso estresse vem da tentativa de atender cada um que quer um pouco do nosso tempo? Você sofre da doença de querer agradar, tentando ao máximo satisfazer todos aqueles que reclamam um pouco do seu tempo? Muitas pessoas se dividem entre o desejo de ser generosas e a necessidade de conservar sua energia. Leva apenas alguns segundos para ler uma mensagem de 140 caracteres do Twitter, mas o custo da distração dura muito mais. Quanto mais coisas queremos fazer de uma vez, mais ficamos somente na superfície da vida, nunca nos aprofundando. E já que podemos ser rastreados em qualquer lugar a qualquer momento, parece que não há saída.

Nas páginas seguintes, vou ensiná-lo como se livrar dos vícios que drenam o seu tempo e a sua energia e de todo o entulho e distração — mais ou menos como um globo de neve que, quando imóvel, tem seus flocos em repouso. Você verá, por exemplo, que é possível estarmos na nossa escrivaninha ou num engarrafamento e mesmo assim, por um instante, prestar atenção no momento presente para encontrar a paz interior.

Quero lhe mostrar como conviver pacificamente com a marcha inevitável e inexorável do tempo. Como budista, estudei a fundo a questão de como viver verdadeira e alegremente no momento presente, e como se manter atento, centrado e harmonioso, independentemente de qualquer obstáculo.

De certa forma, o budismo é um estudo profundo sobre o tempo e o gerenciamento do tempo, porque quanto melhor você gerenciar a sua mente e o seu espírito, menos o tempo o afetará. Cada momento pode ser vivido por completo, livre e incondicionalmente, e cada momento contém possibilidades e oportunidades infinitas para um novo começo. Cada momento de consciência superior é precioso e inestimável, pois a consciência é o valor primário da condição humana. O budismo, para mim, é um estudo sobre como viver de modo pleno e autêntico não apenas no nosso tempo mundano, mas naquilo que chamo de *Tempo do Buda* — a dimensão do tempo atemporal, o *agora* absoluto.

Nos últimos anos, tantas pessoas me pediram ajuda para encontrar seu centro espiritual no meio de uma vida descontrolada que decidi fazer disso o assunto principal deste livro — mostrar que podemos encontrar um modo de vida mais calmo, mais vibrante e mais gratificante. Você não precisa ser vítima de uma agenda lotada e da mudança constante, mas pode ter domínio sobre essas coisas e ficar tranquilo em qualquer situação — nem apressado nem pressionado, mas em paz no momento. Podemos aprender a estabelecer nosso próprio ritmo, um ritmo que faça sentido com aquilo que somos e com o que precisamos na nossa jornada de vida.

Um dos maiores obstáculos para fazer as pazes com o tempo é o fato de que costumamos vê-lo linearmente: caminhamos sempre para a frente, fazendo e terminando as coisas, em vez de apenas ser. Afinal, somos *seres* humanos, não *fazeres* humanos. É custoso viver apenas no eixo linear do tempo. Perdemos o contato com o nosso eu mais profundo e autêntico, muitas vezes tomando trivialidades por coisas dotadas de propósito e significado. Adaptamo-nos a um ritmo cada vez mais rápido, o que nos deixa com a sensação de estarmos ocupados, mas raramente contentes. Cambaleamos num rodamoinho de eventos, girando cada vez mais rápido até não sabermos mais como parar. Somos especialistas em adaptação, mas não basta nos adaptarmos à complexidade e à velocidade do nosso mundo; é preciso algo mais.

Se cultivarmos a clareza, o desapego e a equanimidade, podemos aprender a permanecer calmos e tranquilos no meio desse fluxo de compromissos, não mais permitindo que a nossa vida ocupada nos prive do tempo que precisamos para recalibrar e para nos unirmos com o mundo natural, com nós mesmos e uns com os outros. Pois o tempo segue adiante, quer estejamos apressados ou aproveitando a vida. As grandes transformações podem acontecer fora da nossa consciência diária, até que algo subitamente nos faça lembrar: ouvir a mudança na voz de um filho adolescente, ter a surpresa desagradável de um cabelo branco ou pensar como que "de uma hora para a outra" chegou o inverno.

Também perdemos a tal ponto o vínculo com o mundo natural que, para muitos de nós, tanto faz se é dia ou noite, se faz calor ou frio ou se é inverno ou verão. Controlamos o clima dentro de casa, no carro, no escritório e no mercado. Assistimos jogos sob luzes fortíssimas durante a noite. Comemos sem nos importar com a procedência dos alimentos ou com a temporada. Esses meios artificiais nos privam do ritmo e dos ciclos naturais, nos deixando alheios aos indicadores da passagem do tempo. Ao consumirmos os recursos naturais e observarmos a camada de ozônio se afinar, as geleiras derreterem e as espécies se extinguirem uma após a outra, parece que a própria Terra é passageira, uma vítima do tempo e da mudança como certamente somos nós.

Cada um de nós vive o tempo de maneira diferente, de acordo com a nossa mentalidade. Quando voltei para Long Island para uma visita depois de alguns anos na Índia, não me vi apenas num conflito cultural, mas também num conflito temporal com os meus pais. Minha mãe não queria que eu meditasse. Boa mãe judia que era, não havia problema se eu cochilasse a tarde toda, mas ela achava que meditar era perda de tempo — tempo que ela sentia que eu poderia passar com ela e com o meu pai.

Por um lado, ela estava totalmente certa: não via o seu filho mais velho havia anos, e me fechar no quarto ou vagar pelo jardim para meditar nos privava do tempo precioso que poderíamos passar juntos. Mas eu tinha passado a conhecer uma realidade diferente, um outro jeito de ser. Aprendi que a prática da meditação e uma vida espiritual dedicada dão ao tempo uma qualidade expansiva infinita, que melhoraria cada momento que eu passasse com meus pais. Eu sabia que, se fizesse alguma coisa, não estaria necessariamente deixando de fazer outra, e que sempre temos a capacidade de sair do tempo linear para entrar numa dimensão mais profunda. Quando me reunia aos meus pais depois de passar algumas horas no atemporal, eu estava mais feliz, mais presente, mais paciente e mais consciente e era um ser humano mais empenhado.

Agora, pode ser que você ainda sofra com a perspectiva limitada do tempo linear: "Não posso fazer duas coisas ao mesmo tempo", pode estar pensando. "O dia tem só 24 horas!" Até mesmo os que buscam a vida espiritual se perguntam como é possível ter tempo suficiente para meditar, estudar, recitar hinos e rezar. A nossa vida é abarrotada de tarefas. A nossa agenda é cheia. Parece que temos que deixar algo de lado para termos tempo para o desenvolvimento espiritual, que nos permitiria sair da prisão linear. Mas não é assim que funciona. Não precisamos de mais um tempinho no dia, coisa que seria impossível; em vez disso, podemos incorporar a ampla busca pela espiritualidade em cada minuto da nossa vida. Basta reimaginar e reestruturar a extensão do nosso tempo.

Há dois mil e quinhentos anos, Buda disse que se percebêssemos diretamente as verdadeiras dificuldades e sofrimentos da vida, praticaríamos para alcançar a iluminação como se "os nossos cabelos estivessem pegando fogo". Uma definição simples da iluminação é a percepção profunda de que somos muito mais do que nosso corpo material, limitado ao espaço e ao tempo, vivendo num mundo igualmente material. Alguns alcançam a iluminação pela graça, aparentemente sem esforço algum, mas a maior parte de nós fica presa obsessivamente no passado ou no futuro, percorrendo mentalmente essa trilha de uma extremidade a outra o dia todo. Temos uma visão limitada de nós mesmos e das nossas capacidades. E nada vai mudar se não frearmos o trem e desembarcarmos.

Emaho! (Em tibetano, isso significa "Aleluia!".) Nós *podemos* frear o trem. A sabedoria budista ensina que os minutos e as horas do nosso dia não se limitam a marchar do futuro ao presente e ao passado — surgindo das sombras, nos engolindo e deixando-nos para trás para todo o sempre. Em vez disso, cada instante leva dentro de si um reino de espaço e tempo infinitos, chamado de *shicha* em tibetano, o Presente Eterno. Essa é a preciosa dimensão de despertar que chamo de Tempo do Buda, e ela está disponível a qualquer momento.

"Deixe o passado passar", disse o Buda, "deixe o futuro passar e também o que está entre os dois, transcendendo as coisas do tempo. Com o seu espírito livre em todas as direções, você não tornará a nascer e envelhecer." Quando existimos apenas no momento presente, apenas *naquilo que é*, e não no remorso, no medo ou na preocupação com o futuro, o nosso conceito de limitação no tempo não terá mais impacto negativo na nossa vida. Essa é uma sabedoria ancestral, atemporal. As pessoas vêm escrevendo sobre viver no momento presente desde os tempos do faraó Akhenaton, que no século XIV a.C. escreveu: "Aquele que trata com descaso o momento presente joga fora tudo o que tem".

Isso é algo que todos nós temos que lembrar todos os dias. Não podemos nos dar ao luxo de esperar para aprender essa lição. "É agora ou nunca, como sempre", gosto de falar. Esteja presente neste momento como se fosse o único momento, neste fôlego como se fosse o único fôlego. É assim que meditamos, levamos vida centrada e consciente e permanecemos no agora. E é assim que começamos a fazer as pazes com o tempo e com nós mesmos.

No Tempo do Buda, não existem devaneios mesquinhos sobre o mundo construído pela mente. É um lugar de ser e não de fazer, uma dimensão muito maior do que a que grande parte das pessoas habita. Eu lhe mostrarei como sair do seu ritmo frenético e como entrar na dimensão atemporal, independentemente de onde estiver ou do que estiver fazendo. Lá, você se sentirá equilibrado, sereno, feliz e na sua melhor forma.

Quando você aprender a viver no Tempo do Buda, adotando aquilo que chamo de *consciência do agora* na sua vida diária, será mais presente e comprometido nas suas interações. Será mais capaz de lidar com os momentos difíceis, percebendo quando é a hora de se afirmar ou de se recolher. Acima de tudo, você não temerá que a vida passe por cima de você e dos seus entes queridos, mas reconhecerá que cada um de nós tem o seu ritmo e a sua maneira de desabrochar. Você se sentirá tranquilo com a sua capacidade para descobrir a felicidade e o contentamento. A consciência do agora é o segredo para a iluminação e para a autorrealização: o Buda dentro de nós.

Você verá que a vida no Tempo do Buda não é contrária à vida moderna, mas proporciona o que é necessário para viver de forma sã e feliz. Planejar o futuro ou lembrar do passado são coisas que não necessariamente obscurecem a claridade da nossa consciência do presente. O Buda diria: se você está planejando, apenas planeje. Se está lembrando, apenas lembre. Podemos olhar para o futuro ou para o passado sem nos atormentar, nos obcecar ou deixar que as preocupações restrinjam a nossa liberdade do presente. Pense no seguinte: contemplar o futuro ou o passado também é função da consciência do presente.

Sempre temos a liberdade de escolher como reagir, o que fazer ou como viver. Sempre temos tempo para respirar e recomeçar revitalizados, despertos, atentos. Quando nos unimos com a nossa verdadeira natureza atemporal e a entendemos, automaticamente desaceleramos. E quando desaceleramos, o tempo também desacelera e, assim, percebemos que ele se multiplica. Ao estarmos mais atentos e ao processarmos as coisas com mais rapidez, mais devagar parece que elas acontecem — da mesma forma que o tempo parece passar mais vagarosamente durante aquela gloriosa manhã de outono, quando as cores e a brisa ganham vida sob a nossa intensa percepção.

Podemos aprender a manter uma percepção do mesmo nível, todo dia. Assim teremos espaço para escolher, refletir, nos dedicar, reagir intencionalmente e, dessa forma, tirar o máximo proveito do nosso tempo e das oportunidades dadas por essa vida mágica. Podemos aprender a fazer as coisas com sensatez e cada uma na sua hora quando estamos sob pressão, desligando a falação da mente, que nos faz sentir que temos que fazer muitas coisas de uma vez.

Quanto mais nos conscientizamos sobre o que mais nos estressa e sobre os hábitos improdutivos que temos, mais próximos estamos de nos livrar de tudo isso. Ter uma relação habilidosa com o ritmo da vida nesta Terra significa que cada escolha, cada ação e cada suspiro podem ser plenos e inteiros. Podemos estar presentes por completo, vividamente. Esse é o segredo que está à nossa frente; basta abrirmos os olhos.

Seja você budista ou não, este livro lhe dará a inspiração e as ferramentas necessárias para diminuir o estresse na sua vida e vai ajudá-lo a encontrar o foco, o contentamento, a criatividade e a sabedoria. Mostrarei como introduzir "pílulas antiestresse" no seu dia, a simples pausa para meditar que você pode tirar em qualquer lugar, e como enriquecer a sua vida com o verdadeiro despertar. Nenhuma lei determina que a meditação deve ser feita sentando-se de pernas cruzadas numa almofada. Como verá, podemos meditar ao caminhar na natureza ou até mesmo ao lavar a louça. No início, você aprenderá como adotar e praticar a atenção em qualquer lugar que vá; depois, a própria consciência estável suavemente o revigorará e o levará. Essa é a bênção do caminho espiritual verdadeiro.

Cada capítulo tem um exercício chamado de "Momentos de Atenção Plena" e uma meditação, "Pausa para Reflexão". O primeiro oferece conselhos e práticas para serem incorporados ao seu dia a dia, de modo a começar a mudar a sua relação com o tempo. O segundo proporciona uma pausa calma e meditativa. Mostrarei como adotar práticas de outras tradições espirituais também — como um exemplo clássico, o Sabá judaico; ou uma peregrinação, como a que os muçulmanos fazem até Meca —, para ajudar você a desacelerar, estar presente e abraçar as infinitas possibilidades do tempo.

Com a prática, você verá que na verdade, ao reservar um tempo para meditar, está economizando tempo para depois fazer mais coisas. Isso o deixará mais alerta e aumentará a sua energia e o seu vigor, como acontece com os atletas que praticam ginástica todos os dias para manter sua melhor forma, aumentar o desempenho e enfrentar desafios. Ofereço uma mistura eclética de técnicas para a meditação e para a vida no agora, tirada da tradição do budismo tibetano e de outras tradições importantes de sabedoria, de pesquisas neurocientíficas e de técnicas holísticas de corpo e mente.

A antiga prescrição de Buda para a vida iluminada é científica na medida em que ela pode, como um experimento científico, ser reproduzida. Qualquer um que siga os princípios da atenção plena entrará em harmonia e em equilíbrio com o mundo natural e, aos poucos, perceberá a sua natureza espiritual, natureza que não é fixa no tempo. Essa é a promessa primordial do Buda iluminado, e milhões a alcançaram.

Os próximos capítulos falam sobre os aspectos essenciais de se fazer as pazes com o tempo, de viver no momento e de perceber o nosso potencial. Ao lê-los, você aprenderá a se harmonizar com os ritmos e com os ciclos da natureza, da sua mente e do seu corpo, células, tecidos e vias neurais. Você vai aprender a acelerar ou desacelerar o tempo, a ter relacionamentos mais compensadores, uma vida profissional mais produtiva e muito menos estresse. Por fim, você chegará às margens do ilimitado, do universal e eterno, e saberá que tudo isso esteve com você o tempo todo.

Cada vez que você fizer uma meditação de "Pausa para Reflexão", entrará mais profundamente no momento; e cada vez que fizer um dos exercícios dos "Momentos de Atenção Plena", aprenderá algo novo. Como Cachinhos Dourados explica, a sua primeira leitura de uma meditação ou de um exercício será muito ampla, a segunda leitura será muito simples e a terceira, na medida. No budismo, chamamos isso de Caminho do Meio. Um modo de vida moderado, equilibrado e flexível.

Os próximos capítulos falam sobre o seguinte:

1. ABRA OS OLHOS PARA O RITMO NATURAL. No primeiro capítulo, você aprenderá como se livrar da tirania do ritmo artificial da vida moderna. Vai descobrir os múltiplos ciclos de crescimento, de mudança e de decadência no mundo natural à sua volta e também aprenderá uma minimeditação ou "pausa para respirar" a fim de se renovar, aumentar sua atenção e fortalecer a sua determinação durante o dia.

2. ABRA ESPAÇO PARA O SEU EU SUPERIOR. No capítulo dois, você aprenderá como abrir espaço para o seu Eu Superior — a sua natureza mais nobre e mais profunda, o contrário do eu pequeno e individualista cujo humor instável muda de segundo a segundo, de dia a dia e de ano a ano. Você passará a ser menos afetado pela pressão do tempo, a ser menos distraído e vai começar a ver o tempo como aliado em vez de inimigo.

3. COMO ENTRAR EM SINCRONIA. No terceiro capítulo, você aprenderá a mergulhar mais profundamente no fluxo da vida e a entrar em sincronia com o Pai Tempo linear e com a Mãe Natureza cíclica (que se manifestam, por exemplo, no pensamento com o lado esquerdo e com o lado direito do cérebro, respectivamente); a sintonizar-se com os ritmos circadianos naturais do seu corpo, com os seus meridianos e com os seus chakras ou pontos naturais de energia; e a dar voz ao seu pulso cardíaco mais profundo, que é a medida de tempo mais confiável que você possui.

4. COMO ENTENDER NOSSOS PODERES DE PERCEPÇÃO. Este capítulo analisa o fenômeno de o tempo existir dentro da mente e os dons da percepção — a nossa e a dos outros. Dos bodisatvas e anjos que nos dão tudo que precisamos na hora que precisamos até os poderes paranormais,

da compaixão e da bondade amorosa ao envelhecimento como um estado de espírito, você aprenderá como a consciência e a atenção plena tornam frutífera a nossa habilidade fenomenal para perceber e nos unir.

5. ADMINISTRE O TEMPO COM SABEDORIA. No quinto capítulo, você aprenderá como praticar as artes contemplativas da presença e da atenção plena, que são a meditação na prática. Vai aprender a viver o momento mais profundamente e viver a sua riqueza, a sua suavidade e o seu conteúdo.

6. CRIE ESPAÇO NO RITMO CERTO. No sexto capítulo, você começará a dominar a vida no momento, expandindo e contraindo o tempo de acordo com as suas necessidades e desejos e, da mesma forma, variar o ritmo.

7. VIVA NO TEMPO E NO ESPAÇO SAGRADOS. No sétimo capítulo, você vai aprender como criar ou moldar santuários temporais e espaciais — os alicerces para dar o melhor de si e para perceber que a vida é puro potencial. Aprenderá a se envolver e a se sincronizar melhor com os outros e a encontrar bons meios de aplicação sociais e pessoais para as suas habilidades, talentos e energia criativa.

8. A RODA DO TEMPO. Neste capítulo, você aprenderá a ver a doença, a morte, a perda e os outros males do tempo como aspectos naturais da vida e verá como passar calmamente pelas suas temporadas, em vez de tê-los como obstáculos inconvenientes, ameaças e inimigos; e a levar em conta os aspectos globais do tempo. Por fim, aprenderá a equilibrar e sincronizar todas as dimensões temporais para entrar no Tempo do Buda e se unir ao interior radiante e atemporal do seu ser.

A cada passo que avançar neste livro, você verá que a sua noção de tempo e de si mesmo passarão por uma mudança. Você evoluirá das trevas para a luz, da confusão para a sabedoria, do egoísmo para o altruísmo, de um ser individual para a sua divina natureza búdica. Essa é a promessa e a premissa do caminho espiritual, o milagre do verdadeiro despertar.

No Tempo do Buda você vai perceber que, apesar da sua agenda lotada, tem muito mais tempo do que pensa. Na verdade, tem todo o tempo do mundo.

Capítulo 1

ABRA OS OLHOS
PARA O RITMO NATURAL

ROSALINDA: Pergunto-te, que horas são?
ORLANDO: Deves perguntar qual é o momento do dia;
não se marcam as horas na floresta.

— Shakespeare, *Como Quiserdes*

Da Suíça — o lindo país neutro de altas montanhas alpinas, lagos cristalinos e artesanatos encantadores — vem esta história bizarra:

Ontem, o relojoeiro A. P. Simmerling destruiu o seu próprio estabelecimento, causando um dano de 200 mil dólares aos seus relógios. De acordo com pessoas próximas, o Sr. Simmerling era perfeccionista e sempre tentava sincronizar todos os seus relógios. A introdução dos horários de verão e de inverno, nos quais cada relógio tinha que ser ajustado periodicamente, provou ser um desafio muito grande. O Sr. Simmerling se atribuiu a missão de destruir toda a sua loja com um relógio cuco alemão de antes da guerra. Milagrosamente, o passarinho sobreviveu ao massacre. Por pelo menos uma hora depois da destruição, um relógio frísio continuou pedindo socorro. Por sorte, nas redondezas havia um hospício onde não só os pacientes, mas também os relógios, não batiam bem. Depois que todos os relógios se aquietaram e seu marido foi levado, a Sra. Simmerling disse às autoridades que sentia um grande alívio.

A obsessão com a ordem e com o tempo pode nos deixar loucos. Os relógios, como a sociedade moderna, são impessoais e mecânicos e, às vezes, nos fazem querer nos rebelar. Mesmo que a maioria de nós não termine esmigalhando os relógios como o pobre Sr. Simmerling, o primeiro passo para a vida no Tempo do Buda é se livrar da tirania do tempo artificial. Quando entramos em harmonia com a natureza e com o fluxo do Ritmo Natural, redescobrimos os ciclos do crescimento, da mudança, da decadência e da regeneração no mundo à nossa volta, o que melhora a nossa atenção e a nossa capacidade de nos unir ao mundo à nossa volta durante os nossos dias corridos.

Desde quando a humanidade antiga aprendeu a contar os dias, os meses e os anos observando os céus, nós impusemos uma ordem ao fluxo do tempo. Os calendários, os zodíacos e as outras invenções nos ajudaram a calcular o nascer e o pôr do Sol e da Lua e a encontrar relações entre as estrelas e o nosso destino terreno. Os egípcios inventaram o relógio de sol e a clepsidra, os primeiros instrumentos de medição do tempo, e contribuíram para o funcionamento ordenado das civilizações antigas. Os chineses nos deram o sextante, permitindo a medida do tempo no mar pelos movimentos das estrelas e do relógio celestial. Os indianos conceberam o *kalpa*, um éon extremamente grande que, de forma belíssima, é definido como o tempo que um raro pássaro himalaico levaria para aplainar o Monte Sumeru com o roçar de um pano de seda em seu bico. Os maias, os grandes calendaristas da antiguidade, deixaram sete calendários, entre eles o Calendário de Contagem Longa, que termina em 2012. Os incas contavam o tempo amarrando complexos nós em cordas, das quais algumas ainda existem. Os romanos nos deram o calendário juliano e o ano bissexto. Os ingleses legaram os fusos horários e o horário de Greenwich; os suíços, o relógio cuco e o relógio de rubis; os americanos, o relógio atômico e o Big Bang, o início teórico de tudo.

Até a Renascença, os humanos viviam principalmente no Horário Natural — em sincronia com o dia e a noite, com as estações, com as marés e com outros ciclos terrestres e celestes. Porém, a revolução industrial trouxe aquela que talvez seja a maior inovação relacionada ao tempo: não só a substituição do artesanato por bens produzidos de forma mais eficiente, mas o fato de o próprio tempo se tornar uma mercadoria — uma mercadoria escassa e valiosa. O mundo vem girando cada vez mais rápido desde então, já que todos trabalham mais para produzir mais em menos tempo.

Recentemente, a Starbucks cortou oito segundos do tempo de espera no caixa deixando de pedir assinaturas nas compras de menos de 25 dólares no cartão de crédito. Pouparam mais catorze segundos ao introduzir um pegador de gelo maior para que o funcionário tenha que introduzi-lo no pote de gelo apenas uma vez ao fazer um *frappuccino* grande. Se você está esperando na fila para o seu cafezinho matinal, como eu espero, os minutos economizados vêm a calhar. Mas multiplicando essa economia de tempo por tantas vezes quantas ela é praticada hoje em dia, torna-se claro que estamos nos acostumando com um estilo de vida rapidíssimo, que em última análise estressa a todos.

Da manhã à noite, da pré-escola à aposentadoria, sendo nós cidadãos responsáveis, corremos pela vida para economizar o máximo de tempo. Mas e se o tempo não ditasse a nossa vida? E se tanto o tempo quanto a vida estivessem sob o nosso controle? O primeiro passo para recuperá-los é acordar para o Ritmo Natural, voltar a ter o contato com os ritmos que os humanos observavam há apenas alguns séculos e que algumas sociedades tradicionais em países não desenvolvidos ainda observam. Pode ser que esses clãs, tribos e nômades tentem se modernizar e progredir tanto material quanto tecnologicamente, mas, entrando de novo em contato com o respeito que eles têm pelos ciclos atemporais e primordiais do Ritmo Natural, nós ainda temos muito o que aprender.

O Gerenciamento do Tempo no Budismo

Acho que passei toda a minha vida estudando o tempo, mas, pensando bem, vejo que nem sempre estive ligado ao Ritmo Natural. Quando criança, vivendo num subúrbio de Long Island, eu era muito focado nos esportes competitivos e, por isso, cresci amarrado ao relógio e ao cronômetro. Contudo, aos 20 anos, eu estava a milhares de quilômetros de distância, no outro lado do mundo, no empoeirado e ventoso Rajastão, na Índia, onde permaneci meditando por dez dias no salão de um santuário budista. Eu, que sempre fora obcecado, com um senso inato de responsabilidade de não desperdiçar nem uma hora, minuto ou segundo, de repente fui obrigado a fazer de doze a catorze horas de meditação por dia, horas marcadas apenas pelos sinos do templo; horas e horas passadas em silêncio absoluto exceto por períodos de recitação das escrituras e um discurso budista de cinquenta minutos feito pelo mestre de meditação toda tarde. Para o meu espanto, não havia refeição depois do meio-dia. Mas havia tempo de sobra para refletir, do meio-dia até o café da manhã do dia seguinte. Naquele ambiente extraordinário, escutei e vivi o que disse o Buda: para gozar de boa saúde, para ter uma família feliz, para levar a paz a todos, a pessoa deve primeiro disciplinar e refinar a sua mente.

Eu estava lá, em parte, por causa da confusão em que estava o meu país. Os anos 1960 viraram o mundo de cabeça para baixo. Com bombas explodindo sobre plantadores de arroz no Vietnã e pacíficos monges budistas ateando fogo em si mesmos — a primeira imagem que tive do budismo —, eu não sabia mais como viver. Assim, depois da faculdade, juntei o dinheiro que tinha ganhado de presente quando me formei com o dinheiro que tinha guardado do meu bar mitzvah e com o dinheiro que ganhei em empregos temporários, vendi minha guitarra, minha máquina de escrever e meus livros da faculdade e peguei um avião para a Índia. Minha cabeça estava abarrotada de perguntas. Naquela época maluca em que quatro jovens roqueiros britânicos da classe trabalhadora eram as maiores autoridades do mundo em assuntos como o amor, a paz e o significado da vida, havia uma escassez de respostas verdadeiras. Eu ainda não havia percebido que fora à Índia, seguindo os passos dos Beatles, para aprender sobre o tempo, sobre a extensão do espaço e sobre a eternidade.

Viajei não apenas oito mil quilômetros pelo globo, mas também um ou dois séculos para o passado, para um mundo esquecido. Vivi primeiro na Índia, um país de terceiro mundo prestes a entrar na era moderna, e terminei no mundo himalaico do Tibete medieval e do budismo tibetano. Os *ashrams* e os mosteiros onde estudei nos 25 anos seguintes ainda funcionavam de acordo com as tradições seculares do budismo tibetano, sem jornais, telecomunicações, aquecimento central e, em alguns casos, sem eletricidade nem água encanada. Mesmo assim, vivendo naquela fraternidade feliz, estudando e praticando o Grande Caminho do Despertar, sentíamo-nos gratos, serenos e ricos com uma abundância de recursos inatos. Nossa vida simples não nos parecia nem temporária nem preparatória, mas sim completa e suficiente por si mesma.

Nas primeiras vezes, as sessões de meditação de uma hora, as aulas que tomavam a tarde toda e as liturgias rituais cantadas pareciam intermináveis. Mas depois de um tempo, parei de marcar o avanço do dia — as horas, os minutos e, acredite, até os segundos — no meu relógio. Quanto mais minha mente se acalmava e se concentrava, 45 minutos, uma hora, uma tarde, passavam despercebidos. Assim, dias e dias se passavam sem deixar rastros. Aprendi a observar as inspirações e expirações do meu respirar e a me concentrar apenas nisso — no imediato e na novidade do agora — deixando tudo mais passar. Inspirando, expirando e simplesmente prestando atenção nisso. Observando a respiração... me tornando a respiração... sendo a respiração. Sem o tempo, sem o espaço, sem localidade. Nada a fazer, nenhum lugar aonde ir. Que paz, que harmonia, que bem-aventurança.

Quanto mais eu praticava a meditação, melhor ficava, até que um dia me percebi *fora do tempo*. Tudo estava em perfeito repouso e em completa harmonia, apenas do jeito que era. Depois daquela experiência renovadora, passageira mas inesquecível, meditar se tornou um pouco mais fácil, mas ainda levaria tempo para que eu me livrasse das complexidades e do condicionamento superficiais. Chegou uma hora que aprendi a apenas sentar, respirar e ser — presente, lúcido e consciente. Transparente comigo mesmo. "Ver Buda, ser Buda" virou meu lema. Sentar tranquilo, desacelerar, ter tempo para respirar e observar meus arredores — meditação, em uma palavra — foi a chave para o meu despertar para o Ritmo Natural.

Depois de incontáveis horas meditando, descobri um segredo: *quanto mais concentrado e consciente eu ficava, mais o tempo desaparecia. Tempo* não é o que falta em nossa vida apressada. O que falta mesmo é a *concentração*. Quando desaceleramos o nosso processo apressado e obsessivo de pensamento e mantemos a consciência atenta, nos tornamos melhores ouvintes e amigos, companheiros e colegas de trabalho, e descobrimos dentro de nós mesmos mais clareza, serenidade, centralidade e a capacidade de estar presente no momento. Temos mais tempo para analisar e responder às situações de forma inteligente, em vez de só reagir às cegas. Bifurcações mais claras aparecem no nosso caminho. A atenção nos alimenta e nos torna mais perspicazes, completamente capazes de abraçarmos a vida em vez de sermos esmagados por ela.

Durante os anos seguintes, continuei a sentir os benefícios da meditação de atenção plena por meio da prática diária e em diversos retiros, e por fim, tomei uma decisão importantíssima: me comprometi a fazer um retiro fechado longo, *bem longo*, no sul da França, a fim de me tornar lama — um professor do budismo tibetano, mestre de meditação e guia espiritual. Como é prescrito pela tradição do budismo tibetano, o período de treinamento deve durar três anos, três meses e três dias. Durante esses 1.100 dias, todo o nosso sistema energético — que inclui os chakras, as energias interiores e a consciência espiritual — é regenerado e revitalizado por completo.

A ideia me amedrontava. Mas tudo acabou sendo muito parecido com as minhas experiências no deserto da Índia: o primeiro ano passou devagar, o segundo passou rápido e, no terceiro, eu não pensava mais no dia, no mês, na duração; não estava mais ligado aos conceitos de passado ou futuro. Eu era, por fim, capaz de viver intensamente no presente a todo momento. Os oito anos que passei naquele retiro na floresta se escoaram ligeiros, num ritmo pacífico.

Todas essas experiências me mudaram e me ensinaram que o tempo existe principalmente na nossa mente. Quando paramos nossa mente, mesmo por um momento, paramos o universo: sem tempo, sem espaço, sem condicionamentos e compulsões. Apenas paz e harmonia sem limites. No zen, esse "gostinho" da iluminação, passageiro e ao mesmo tempo atemporal, é chamado *satori* (esclarecimento). É uma iluminação momentânea, o aparecimento repentino de uma estrela no seu horizonte que o guiará pelo resto dos seus dias. Ao seguir as lições deste livro e ao começar a despertar para o Ritmo Natural, você vai, espero eu, viver também o *satori*.

O Ensinamento Atemporal de Buda

De acordo com a lenda, o rei Sudodana, pai do príncipe Sidarta, preparou seu filho para ser um grande guerreiro e para torná-lo governante de um poderoso Estado, situado no atual Nepal. Para fortalecer a sua vontade frente às tribulações da vida e para impedir que tivesse a tentação de refletir sobre a existência, o rei protegeu o seu filho de todos os males, sofrimentos, doenças sociais e iniquidades — em resumo, de tudo de ruim que o tempo pode causar. Mesmo assim, certo dia o jovem Sidarta escapou do palácio e encontrou um velho desdentado e cego. O príncipe enclausurado nunca tinha visto ninguém assim antes e ficou boquiaberto ao perceber que, apesar de toda a sua riqueza, poder e conhecimento, um dia ele também iria envelhecer e sofrer. Depois, encontrou um homem febril, doente de peste, caído no chão; um corpo sendo cremado enquanto a família e os amigos choravam de luto; e um monge pacífico e sorridente, com a cabeça raspada.

Desorientado, deprimido, estimulado e até mesmo exultante com a sua descoberta da velhice, da doença, da morte e da vida espiritual, Sidarta voltou ao palácio, com a sua fachada de esplendor e beleza eternos, só para descobrir que a sua amorosa esposa havia dado à luz um filho seu. Em vez de se regozijar, o príncipe se aterrorizou com o pensamento de o que o futuro reservava para o seu filho. Agora ele sabia que a foice do tempo cortaria a todos. Em vez de reassumir a posição de chefe da casa, completar o seu treinamento de artes marciais e se preparar para carregar o cetro do seu reino material, Sidarta fugiu do palácio para poder seguir o caminho do monge pacífico e encontrar a verdade imortal e o contentamento eterno — coisa que ele chamou de "a libertação segura do coração". Em uma única palavra, a iluminação.

Sidarta passou por muitas provações e dificuldades, escapou da morte por pouco várias vezes, mas acabou por fazer as pazes com essa coisa que, ora gloriosa, ora horripilante, mas sempre transitória e efêmera, chamamos de vida. Depois da sua iluminação, ele se reconciliou com a família e ensinou a sua mãe, seu filho e muitos outros os segredos da vida atemporal.

Sidarta entrou em contato com a doença, o envelhecimento, a morte e a vida espiritual, que são conhecidos como as Quatro Visões. Elas constituem a essência do caminho espiritual — reconhecer a impermanência, aceitá-la e superar o sofrimento que ela causa. Embora muitos admirem o budismo pelos seus ensinamentos éticos e pelas suas técnicas de mudança de atitude, ele trata principalmente da natureza do tempo e de como controlá-lo.

Sidarta ficou conhecido como o Buda, o Desperto. Por 45 anos ele percorreu incansavelmente toda a Índia, ensinando e mostrando às pessoas como perceber

28   O Tempo do Buda

a sua bondade original e a sua sabedoria inerente: a livre e infinita essência incorruptível, aquilo que os seguidores mais recentes chamam de *a Natureza Inata de Buda*. Ele os ensinou a superar o sofrimento e os transtornos causados pelos desejos insaciáveis e pela dificuldade em lidar com a mudança e o tempo. Nos ensinou que *sofremos porque negamos e resistimos ao fluxo do tempo, e porque nos apegamos à ilusão de segurança e permanência.*

Redescobrindo os Ritmos da Natureza

Grande parte das pessoas tem dificuldade para abrir mão dessas noções. Não podemos sair do tempo para dominá-lo. Independentemente do que fazemos, estamos cercados pela mudança incessante. A grama e as flores crescem no calor envolvente da primavera, o verde atinge a exuberância no calor intenso do verão, as folhas caem no frescor do outono e a vida se aquieta no gelo e no frio do inverno. Depois que a neve derrete e o solo descongela, o ciclo recomeça.

Vivemos o crescimento, a mudança e a decadência em incontáveis ciclos naturais durante o dia, o ano e do nascimento à morte. Vemos a nossa consciência mudar ao passo que crescemos e nos desenvolvemos, do mesmo modo que as nossas percepções e opiniões mudam de ano a ano e até mesmo de momento a momento. Percebemos que o mar reduziu as rochas da costa a areia — sem necessariamente reparar nos detalhes do processo lento, porém inevitável — e que o vento curvou uma árvore permanentemente. Nem mesmo as pedras fortes e altas da era megalítica, a Grande Pirâmide de Gizé e os nossos arranha-céus envoltos por aço escapam do fluxo da mudança e da impermanência inexoráveis.

Pode ser que você já tenha ouvido falar que o tempo no fundo é uma ilusão, mas no nível biológico do envelhecimento e da morte ele é real o suficiente. Prossegue inexoravelmente numa série de eventos, de momentos mentais efêmeros às horas mundanas dos relógios. Simplesmente perdemos o contato com a expressão natural do tempo.

Há uma oração dos índios americanos Ojibwa que diz o seguinte: "Ó Avô, ó Santo, nos ensine a ter amor, compaixão e honra para que possamos curar a Terra e uns aos outros". Entrar em harmonia com o espírito da natureza é a forma mais antiga de adoração religiosa, e por boas razões. O antigo naturalista americano

John Muir escreveu: "Se alguém remexe uma coisinha qualquer na natureza, descobre que ela está ligada a todo o resto do mundo."

Nas minhas aulas, sempre aconselho as pessoas a passar um tempo ao ar livre todo dia, mesmo que seja só respirando fundo pela janela ou olhando para o céu estrelado no caminho entre o carro e a porta da frente. Faça o mesmo e perceberá que o ritmo da natureza começará a mexer com você. Não é difícil encontrar, ao longo do ano, momentos em que os ciclos naturais inspiram um impulso para parar e lembrar que a vida é mais do que ganhar o seu sustento. A maioria de nós fica inexplicavelmente alegre na primavera, quando a seiva volta a circular nas árvores e o dia se alonga. Ficamos revigorados intelectualmente, e de certa forma melancólicos, com a queda das folhas e a diminuição da luz no outono. Em todas as suas formas, a natureza nos convida a olhar mais profundamente.

Quando foi a última vez que você sentiu a energia vital e acolhedora da nossa mãe natureza? Foi quando você era criança e deitava na grama? Ou numa praia, com o som distante das ondas? Descalço no quintal, talvez, com a sensação do solo morno sob os seus pés?

Um estudo sobre a biofilia (amor pelo mundo natural) feito pela projetista de hospitais Barbara Huelat mostrou que a natureza é, em certos aspectos, igual ao ioga, aos exercícios físicos e à meditação na sua capacidade para aliviar o estresse. Um estudo feito com pessoas se recuperando de cirurgias num grande hospital mostrou que os pacientes que podiam olhar por uma janela para flores, árvores e para o céu durante o processo de recuperação melhoraram mais rápido e sentiram menos dores do que aqueles que não tinham vista para fora.

A natureza é a fonte original de conhecimento, beleza, equilíbrio e inspiração espiritual para todos em todo lugar. Ela pertence a todos e, ao mesmo tempo, a ninguém. Como os nossos ancestrais, podemos aprender a amá-la do mesmo jeito que ela nos abraça e apoia. No budismo tibetano, chamamos de *drala* a magia intrínseca da realidade — este "algo além" que está disponível a todo momento. Podemos tê-la como aliada, como um meio de superarmos os nossos limites, quando precisamos nos abrigar da confusão e da angústia e tirar uma folga do tumulto e do estresse da vida diária. Ela é uma forma de alcançar o invisível, o indeterminado, as dimensões mais sutis da energia e da realidade.

Também podemos simplesmente reconhecer *drala* naqueles momentos em que somos arrancados do nosso egoísmo quase que por acidente, por influência daquilo que mais tem o poder de nos transportar e nos religar ao que está além e ao mesmo tempo dentro de cada um de nós. Quando crianças, nos deitávamos na grama e olhávamos o céu, esquecendo de nós mesmos — olhando o céu imenso, nos tornamos imensos e parecidos com o céu, nos unimos ao céu, conscientemente ou não. Quando adultos, observamos as ondas do oceano, escutamos uma cachoeira ou olhamos a chama de uma vela, o fogo na lareira ou uma fogueira. A energia elemental e natural da água e do fogo nos leva muito além do nosso eu limitado.

Isso se chama viver no Ritmo Natural. De maneira alguma isso é desconhecido para nós. Essa é a parte essencial, simples e prática do misticismo natural. A união com o estado natural é o significado da palavra *yoga* (cujo significado literal é "união com deus" e que é derivada da palavra que significa "jugo" em sânscrito).

Então, como podemos alcançar e manter aquele estado que conhecíamos quando éramos crianças e no qual, agora, só entramos esporadicamente? Muitos aprenderam a transcender o ritmo comum e a se transportar para uma realidade esplêndida e elevada por meio da oração ou da contemplação numa igreja, templo, mesquita ou lugar de peregrinação. Mas o que é mais elevado e comovente do que a catedral das florestas e das montanhas? Ou qual santuário eleva mais a alma do que um deserto vasto e luminoso, um lago no verão ou um pôr do sol sobre o oceano?

Reflita sobre os momentos mais sublimes da sua vida, e se lembre de quantos deles ocorreram em lugares naturais e serenos como esses. A partir daí, tente recriar aquele sentimento, ou imaginá-lo, mesmo que por poucos segundos. E então, quando tiver oportunidade, saia e encontre um lugar calmo para viver aquele momento de graça. Passar a vida toda com um celular na mão é apenas uma opção. Crie o hábito de se desligar da nossa maravilhosa tecnologia para se lembrar daquelas belezas naturais que sempre existiram e sempre nos confortaram.

Durante a maior parte da existência humana, o céu foi o único calendário. O ser humano se sente em casa no mundo natural. Gostamos de caminhar pela terra, exercitando os nossos músculos físicos e mentais, e podemos saber que horas são simplesmente olhando o Sol ou a Lua. Conhecemos as marés como conhecemos os nossos ritmos internos; o crescimento e a diminuição da energia vital do nosso companheiro, dos nossos filhos ou a nossa própria; os ciclos lunares mensais, os solstícios e equinócios, com a brilhante Lua cheia de outono e os festivais, banquetes e celebrações locais. Sabemos como abrir mão das coisas nem muito cedo nem muito tarde. À medida que você for entrando no Tempo do Buda nos capítulos seguintes, se sentirá mais em sincronia com a natureza e com os múltiplos ciclos à sua volta.

PAUSA PARA REFLEXÃO

Redescubra o Céu

Quando crianças, muitos de nós conhecemos *drala* ao olhar para o céu, encontrar formas nas nuvens ou ao observar as estrelas, talvez aprendendo o nome de algumas constelações. Uma maneira simples de retornar à magia e à profundidade do Ritmo Natural é fazer o mesmo que você fazia quando criança.

Saia de noite, deite e observe as estrelas. Respire fundo algumas vezes, elevando o olhar e sentindo a imensidão do céu. Repare nas estrelas, nos aglomerados estelares e na vista panorâmica do céu acima de você. Se estiver na companhia de amigos, avise-os de que vocês não conversarão, mas entrarão em harmonia por outros meios.

Concentre o seu olhar e a sua atenção no céu infinito, solte o ar na imensidão da abóbada celeste e relaxe. Descanse tranquilo, desperto e consciente.

Deixe que o ar, o vento e o céu fluam através de você e o preencham de luz e espaço. Fique tranquilo, em casa.

Observe.
Deixe acontecer. Aceite.
Abrace e entregue-se.
Deixe estar. Deixar estar é deixar passar,
deixar ser.
Esse é o segredo da liberdade e da autonomia interior:
deixar ser.
Fique tranquilo.
Tudo está aqui;
Não divague.

Se você nunca meditou... parabéns! Você o fez agora.

Uma vez eu estava conversando com o meu vizinho Peter, sócio de um escritório de advocacia muito poderoso, sobre o meu ritual matinal de meditação ao lado de uma estátua do Buda no meu jardim. Peter balançou a cabeça com tristeza e disse: "Queria ter tempo para fazer isso. Parece que mal tenho tempo para escovar os dentes antes de sair correndo para pegar o trem das seis". Ele me explicou que, depois de um café da manhã apressado com seus colegas, ele defendia os clientes em juízo, contando cada segundo de trabalho para calcular seus ganhos, e normalmente chegava em casa só para desejar boa-noite à esposa e aos filhos. "Estou ocupadíssimo todo santo dia. Acho que estou ficando com úlcera. Você conhece algum mantra que possa me acalmar?", perguntou.

É claro que existem muitos cantos que eu poderia ter compartilhado com Peter. Mas, acima de tudo, o que ele precisava era de uma meditação para sincronizá-lo novamente com a natureza. Eu disse que ele precisava observar o nascer e o pôr do sol por alguns minutos todos os dias, coordenando a rotina com o ritmo do dia. Ele deixou transparecer certa dúvida, mas disse que tentaria.

Um mês depois, quando vi Peter de novo, ele sorriu, acenou e atravessou a rua para conversar. "É incrível como o nascer do Sol é lindo", disse ele, maravilhado. "E o pôr do sol! Nunca são as mesmas cores. Achei que seria difícil encaixar mais essa tarefa no meu dia, mas não tenho palavras para descrever o bem que isso me fez! Agora consigo me concentrar mais no trabalho, e sabe de uma coisa? Sinto que agora tenho *mais* tempo, não menos."

É surpreendente como um exercício tão simples, que leva talvez cinco ou dez minutos toda manhã e toda tarde, pode mudar o humor e o ponto de vista de uma pessoa por completo. Retomar o contato com a natureza fez com que Peter aliviasse uma parte da ansiedade da sua vida atarefada. Como veremos nas páginas a seguir, momentos como esses nos permitem começar a reprogramar as nossas vias neurais. E, de uma perspectiva celestial, absorver a energia do Sol produz um efeito em que o micro e o macrocosmo se unem num momento precioso de atemporalidade. Com um pequeno ajuste no seu dia, Peter alcançou benefícios enormes.

Essa experiência inestimável foi completamente gratuita. (Não, eu não cobrei pelo conselho.) Uma orquestra incrível de vida, morte e renascimento toca à nossa volta. Temos apenas de parar, observar e escutar. Voltando ao Ritmo Natural e libertando-nos do relógio, de agenda e do prazo, vemos que a vida segue mais suave.

Quando você estiver num bom estado de espírito, tire o relógio e guarde o celular e os outros aparelhos eletrônicos. Caminhe, cochile, sente-se ou deite-se na banheira, na piscina ou na rede, sem nada que lhe dê alguma referência de tempo.

Relaxe e entre numa zona atemporal: sem destino, sem nada para fazer, livre de compromissos e horas marcadas, livre de pensamentos, memórias do passado e planos para o futuro. Simplesmente por estar presente e atento, você estará cultivando a consciência do agora.

Você também pode tentar tirar o relógio da sua vida diária. No escritório, no supermercado, saindo com os amigos... você vai se surpreender com a relação nova e expansiva que você terá com o tempo ao parar de medi-lo em pequenos incrementos.

A primazia do momento é uma das primeiras coisas que você descobre quando se livra do tempo artificial. Sempre é agora. Nunca é cedo, tarde, ontem ou amanhã, mas sempre agora. Você para de pensar na sua agenda — onde você tem que ir e o que tem que fazer — e passa a enfocar o presente. Se você pensar um pouco, verá que o momento presente é o único lugar onde podemos estar. Ele contém infinitos meios para que conheçamos a nossa grandeza, o nosso gênio individual — recursos infinitos para resolver problemas. E podemos viver no momento presente independentemente de onde estivermos, sempre que quisermos. Basta se concentrar na respiração ou em qualquer outro objeto de atenção que seja vibrante e esteja sempre disponível.

Essa é a primeira lição que aprendi sobre a meditação na Índia, e gostaria de passá-la a você: como se concentrar e como investir toda a sua atenção neste exato momento, *como se fosse o único*. Pois, de certa forma, ele realmente é. Lembrar do passado ou planejar o futuro são atividades que acontecem somente no presente. "O futuro é agora", dizíamos nos anos 1960. Assim que aprendemos a tornar um hábito o ato de prestar atenção no agora, o tempo parece desaparecer e ficamos sempre renovados, energizados e livres. Quer estejamos dentro ou fora de casa, sozinhos no alto do Himalaia ou no Walmart durante a correria do Natal, o momento é tudo o que temos.

"Respire, Sorria, Relaxe"

Você pode incorporar agora mesmo a seguinte prática de conscientização simples — "Respire, Sorria, Relaxe" — na sua vida ocupada. Desde o momento em que Sidarta sentou debaixo da frondosa Árvore Bodhi (a figueira junto à qual ele alcançou a iluminação definitiva) sob o céu turquesa, com um riacho murmurante ao lado e um campo dourado de arroz ao longe, esse exercício vem sendo feito de diversas formas há mais de 2.500 anos. O primeiro exercício de "Momentos de Atenção Plena" neste livro o ajudará a despertar para o Ritmo Natural e as suas contínuas pulsações e cadências.

MOMENTOS DE ATENÇÃO PLENA

Uma Pausa para Respirar

Sentando-se calmamente num lugar tranquilo — de preferência fora de casa, na natureza,
mas também dentro de casa, se você preferir —
volte toda a atenção para o seu corpo enquanto enche uma vez os seus pulmões,
respirando fundo, bem fundo...
e depois solte o ar com um longo suspiro...

Se você realmente prestar atenção, sua mente estará livre de todas as distrações por dez segundos, enquanto o seu corpo será alimentado com oxigênio extra e o seu coração sentirá um toque da paz divina. Até mesmo com um único ciclo de respiração, pode ser que você tenha sentido um toque de serenidade, uma descontração dos músculos da mandíbula e a capacidade de pensar com mais clareza. A viagem ao Ritmo Natural é muito simples!

Tente novamente. Três respirações ou mais podem ser necessárias, dependendo da sua autoconsciência e vontade.

Respire fundo.
Sorria.
Relaxe...

James Joyce, o grande romancista e mestre do Ritmo Natural (cujo livro *Finnegans Wake* termina com o começo de uma frase e começa com o fim da mesma frase), chamou esse estado de animação suspensa fora da passagem do tempo de "parada estética", um momento único de êxtase. Sua vida se transformará se você começar a praticar essas pequenas pausas ou momentos de atenção durante o seu dia. Tente!

O objetivo da lição não é que você compartimentalize a sua vida, gastando 99% em suas diversas ocupações e 1% na nutrição espiritual. Em vez disso, treine-se para integrar essa consciência sublime em cada momento, como um modo de vida iluminador e um caminho de alegria.

Prestar atenção na respiração no momento presente eterno é a mais básica de todas as práticas de meditação e é o primeiro passo para entrar no Ritmo Natural. Tente não se atemorizar diante da ideia de adotar mais um compromisso entre os diversos que você já tem. Faça uma experiência. Considere a alternativa: se durante um dia qualquer, apressado como sempre, você costuma sentir a mente acelerada, o coração palpitando e os ombros tensos, é hora de parar de ignorar esses sinais. Desligue o ar-condicionado e abra as janelas do carro. Tire os sapatos e ande descalço na grama. Escute os pássaros. Respire o oxigênio e os outros elementos da atmosfera que animaram inúmeras amebas e mamutes e que são a matéria-prima de todas as coisas, desde a poeira estelar até as supernovas.

Os animais, de estimação e os selvagens, vivem no Ritmo Natural. E muitas vezes são atraídos pelos sentimentos pacíficos e amorosos da meditação. Lembro, com carinho, de algo que aconteceu décadas atrás, quando estava sentado meditando de manhã bem cedo debaixo de uma árvore na floresta nacional do maravilhoso monte Shasta, na Califórnia. De repente, senti algo mordiscando o meu casaco. Abri os olhos e vi diante de mim os olhos pacíficos e tranquilos de uma corça. Partilhamos um momento de indescritível beleza e profunda conexão, que pareceu durar uma eternidade; então, ela virou e foi embora calmamente pela floresta.

A nossa natureza verdadeira e intrínseca é livre, aberta, fluida e feliz e ao mesmo tempo calma, radiante e centrada. É ela que buscamos liberar e efetivar quando nos dedicamos a despertar para o Ritmo Natural e a viver no momento.

Os cientistas e os médicos estão descobrindo os múltiplos benefícios da meditação. Há pouco tempo, relataram que a meditação regular reduz a pressão sanguínea, diminui o risco de problemas cardíacos e derrames, reduz os hormônios do estresse e atenua os processos inflamatórios associados à aterosclerose. Também estão descobrindo que a meditação pode ajudar a melhorar a memória, a atenção e outros aspectos do gerenciamento do tempo. Por exemplo, num estudo recente publicado no jornal *on-line PloS Biology*, pesquisadores relataram que três meses de exercícios de respiração, como a nossa Pausa para Respirar, podem mudar profundamente a forma com que o cérebro direciona a atenção. E quem não tem problemas de atenção hoje em dia, nesta sociedade que nos atrai para um monte de direções ao mesmo tempo?

Estudos feitos por psicólogos como Michael McGee, da Faculdade de Medicina de Harvard, descobriram que a meditação beneficia o cérebro, aumentando a massa cinzenta, melhorando o sistema imunológico, diminuindo o estresse e dando uma sensação de equilíbrio, clareza, equanimidade e bem-estar.

Os cientistas supunham que nossa capacidade de concentração era relativamente fixa. Para a surpresa deles, descobriram que a atenção é uma capacidade flexível e exercitável. O efeito prático da meditação é desacelerar o tempo, concentrar a atenção e aumentar a consciência do agora. A meditação é uma ferramenta essencial para nos ajudar a administrar a nossa vida repleta de deveres.

Percebi que nós, os ocidentais, só conhecemos dois ritmos de vida: a velocidade máxima ou o ponto morto. Trabalhamos a semana inteira para cair exaustos no fim de semana ou nas férias. Não sabemos passar suavemente para um estado intermediário e ali ficar. Cultivar a atenção e o gosto pelo momento presente nos ajuda a sentirmo-nos mais centrados: conseguimos manter o nosso navio no rumo certo no meio de um mar tempestuoso e relaxar durante a calmaria, mas sem chegar aos extremos em nenhuma das duas situações. Isso nos ajuda a nos livrar da pressão das nossas incontáveis listas e responsabilidades.

Há dez anos, jantei com Joseph Goldstein, velho amigo e professor pioneiro do budismo no Ocidente. Estávamos debatendo sobre o trabalho e sobre amigos em comum na nossa grande família espiritual. Durante a sobremesa, contei-lhe o que o meu último mestre de meditação *Dzogchen*, Nyoshul Khenpo Rinpoche, me disse em seu leito de morte na Dordonha, França. Mencionei que, entre outras coisas, ele me incumbiu da missão de identificar cem discípulos e herdeiros do Dharma (sucessores da linhagem). Confessei a Joseph que ter recebido essa incumbência do meu mestre iluminado era ao mesmo tempo uma grande honra e um grande desafio, um feito quase impossível. Então Joseph me contou o que tinha aprendido: você não precisa fazer tudo agora, de uma vez; nem mesmo precisa fazer tudo nesta vida!

Senti-me extremamente aliviado. Desde então, sempre que encaro uma tarefa mais desafiadora, digo a mim mesmo: "Não preciso fazer tudo neste instante". Quando possível, livre-se da pressão repetindo essas mesmas palavras.

Silêncio

Meditar em casa realmente pode ajudá-lo a relaxar e a se concentrar. Mas meditar no trabalho ou sob a pressão de um prazo ou de outros tipos de estresse parece impossível. Pode parecer contraditório que para relaxar seja necessário fazer um esforço consciente, mas o que faz o relaxamento acontecer é o ato de perceber conscientemente como você está — num estado de tensão, por exemplo — e depois conscientemente decidir como quer estar. Quando você relaxa meditando, é claro que é bom soltar os ombros, esquecer a tensão física e as preocupações mentais e relaxar a mandíbula. Mas o relaxamento não é só liberar a tensão do corpo físico. "Você tem que relaxar a sua mente", como dizia Leadbelly. Relaxar é deixar estar, deixar ser. Se estamos realmente relaxados, deixamos tudo passar — pensamentos, sentimentos, preocupações, tensão corporal; apenas observamos os acontecimentos, sem criar apegos ou nos identificarmos com coisa alguma. Sem puxar ou empurrar, julgar ou avaliar. Sem interferência e manipulação.

Você pode aprender a relaxar até nos ambientes mais desafiadores. Uma das melhores palestrantes que já ouvi é Marian Wright Edelman, jurista, ativista e fundadora do Children's Defense Fund. Embora seja ocupadíssima, toda semana, onde quer que esteja, ela tira um dia para desfrutar do silêncio. Uma vez, ela estava escalando os Alpes com alguns amigos de Harvard. Quando o dia de silêncio chegou, ela explicou que ficaria calada e que os outros podiam caminhar e escalar com ela, mas não deveriam esperar que ela falasse algo. Quando seu amigo Dick a viu sentada num rochedo próximo à trilha para o topo da montanha, ele sentou perto dela e apreciou a vista por meia hora, até que foram se reunir ao grupo. Depois ele me contou que esses momentos de tranquilidade com Marian foram de longe a melhor parte da viagem, e os únicos momentos em que ele vivenciou por completo a verdadeira beleza da cordilheira alpina.

Você também pode adotar um período de Nobre Silêncio (como essa prática é conhecida no budismo) na sua vida. Mesmo no meio do caos da vida moderna, é possível encontrar a verdadeira serenidade na união silenciosa com uma árvore, uma flor, um animal, uma montanha, um vale ou algum outro elemento da natureza que evoque em nós a apreciação estética dos nossos arredores, do momento e, por fim, de uma realidade maior e mais profunda. "Um toque de natureza", como Shakespeare nos lembra, "faz do mundo uma família."

Então, siga o fluxo natural. Você vai ver que a união com o Ritmo Natural o afasta da armadilha da vida no tempo linear, alivia o estresse e traz uma sensação de clareza e espaço à sua vida. Você terá dado um passo rumo à vida no Tempo do Buda.

No próximo capítulo, mergulharemos mais fundo nos mistérios do tempo, buscando o nosso Eu Superior — a nossa natureza mais nobre e mais profunda — e aprendendo mais técnicas para fazer as pazes com o tempo.

Capítulo 2

ABRA ESPAÇO PARA O SEU EU SUPERIOR

Por um momento, deixe de lado o que é familiar.
Relaxe seu corpo e seus sentidos...
Por um dia, vire o disco da sua mente.
Todos os hemisférios da existência
ladeiam um equador
no seu coração.
Conheça
as mil outras formas do seu ser.
Siga a correnteza oculta e volte
para casa.
Todos os hemisférios do paraíso
estão sentados em volta de uma fogueira
conversando
enquanto se costuram
no Grande Círculo
que está dentro de você.

— Canção de Hafiz, místico sufi

Um dia no ano passado, eu estava levando Deena, a filha de um amigo, para o aeroporto. Ela estava voltando para a faculdade e eu lhe perguntei o que ela estava estudando e se ela havia pensado no que faria depois de se formar.

"Estou estudando biologia e ecologia", explicou ela, "e, neste último ano, gostaria de fazer estágio em algum país em desenvolvimento, para descobrir como poderia ajudar a salvar alguma espécie em perigo de extinção."

Nossa!, eu pensei. Essa jovem já estava pensando mais profundamente sobre a sua vida e sobre o que poderia fazer de bom do que muitos dos aspirantes que vêm tentando encontrar a si mesmos desde os anos 1960 e ainda não se encontraram.

À medida que você praticar a união com o Ritmo Natural e continuar a sua jornada para viver no Tempo do Buda, você aprenderá, como Deena já aprendeu, a alcançar o seu Eu Superior — que é o contrário do seu eu inferior, cujo humor instável muda de momento a momento. Você não precisa ser um sábio taoista, um grande lama, um super-herói ou o salvador de uma espécie em extinção para levar uma vida de sabedoria e contentamento. Você só tem que saber como monitorar a sua energia e como se renovar aos poucos durante o dia, a semana e o ano.

Todos nós representamos muitos papéis na vida: irmão, pai, filho, companheiro, vizinho, amigo, cidadão. Mas somos mais do que a soma dessas partes. Nós, na realidade, não somos nada disso. Nosso eu real, superior, transcende todos os papéis, identidades e personalidades efêmeros. E somos capazes de aprender a alcançá-lo sempre.

Encontrar espaço e tempo para viver o nosso Eu Superior é um desafio. Aquele ser nobre que vive dentro da nossa natureza mais profunda busca, contempla e questiona, mesmo que vivamos numa era de idas e vindas e interrupções frequentes. De certa forma, viver o nosso Eu Superior significa fazer as pazes com a maneira com a qual convivemos com o tempo e o infinito. Talvez a coisa mais importante que aprendi durante a minha visita à Índia e ao Himalaia é que o divino está dentro de cada um de nós. Para ele não há morte, mudança ou degeneração; ele é atemporal. O Buda vive dentro de nós e nos conduzirá de volta à nossa verdadeira natureza, se tivermos a disposição.

O Relógio de Gandhi

A sabedoria budista diz que *há um nível de consciência dentro de nós que existe e funciona independentemente do tempo*, que transcende o nascimento e a morte. Na nossa vida diária, porém, sentimos que não somos nada além de uma aglomeração passageira, efêmera e condicionada das nossas experiências e atitudes, sonhos e esperanças, medos e ilusões. Mesmo assim, é possível alcançar a nossa natureza superior, embora permaneçamos ligados ao tempo e ao espaço nos quais vivemos.

Uma das coisas que descobri durante a minha estada nos *ashrams*, vivendo de acordo com os ensinamentos de Gandhi, é que Gandhi era muito afeiçoado ao seu relógio de bolso — um Ingersoll barato que ele pendurava na cintura com um alfinete de segurança e um barbante. Gandhi detestava se atrasar e normalmente apoiava o relógio à sua frente para que pudesse ficar de olho na hora.

As pessoas lembram que Gandhi sempre permanecia profundamente absorto, de momento a momento, em qualquer coisa que estivesse fazendo, tanto coisas importantes quanto atividades corriqueiras. Negociando com o vice-rei inglês ou tecendo as suas roupas, Gandhi estava sempre atento ao que fazia, totalmente comprometido. Ele vivia num estado de calma absoluta tão poderoso que acabou por se tornar a força inicial que expulsou a soberania do Império Britânico da sua amada Índia. Gandhi, líder carismático e eficiente, gostava de dizer que nunca se cansava pois, internamente, estava sempre descansando.

Gandhi e a sua filosofia de não violência são o exemplo da parte principal daquilo que os budistas chamam de Meio de Vida Correto — viver e não somente ganhar a vida. (O Meio de Vida Correto é um dos pilares do Caminho Óctuplo para a Iluminação; os outros sete serão citados no Capítulo 5.) Gandhi praticava o que pregava como ativista social e homem de família neste mundo limitado pelo tempo e pelo espaço, mesmo que o seu coração e o seu espírito tivessem fé no mundo absoluto e na providência universal.

A história sobre a relação de Gandhi com o tempo fica mais dramática pelo fato de que, quando ele foi assassinado, caiu sobre o seu relógio e o mesmo quebrou, registrando a hora exata da morte: 17h17. Com o som dos tiros ainda ecoando nos seus ouvidos, Gandhi abençoou o homem que atirou nele. Morreu da mesma forma que viveu, respondendo ao mal com o bem, praticando o que pregava. Suas últimas palavras foram o seu mantra: "Ram Ram", o nome de Deus.

Gandhi é o exemplo perfeito da pessoa que dominou a experiência do tempo tanto do eu inferior quanto do Eu Superior. Ele gerenciava a sua agenda diária com maestria. Estava certo do seu propósito aqui na Terra e não temia a morte. E deu tudo de si para curar a era de conflitos em que viveu. A sua vida e a sua mensagem estavam em plena harmonia, pois ele seguia a sua agenda a cada momento, vivendo de acordo com as convicções do seu coração independentemente de qualquer empecilho que aparecesse em seu caminho. Gandhi voltou toda a sua energia para um objetivo finito ao mesmo tempo que se alimentava e se inspirava com a história e seus profetas. Com o poder que advinha de viver suas convicções em todo momento e de alcançar o Eu Superior, ele mudou o mundo.

Não seremos presos pelas nossas crenças nem por desbancar impérios, como acontece com Gandhi. Mas com mais intenção sincera no aqui e no agora, podemos criar um impacto: sorrir, dar ouvidos, ter mais presença (e não ausência) de espírito, diminuir os nossos resíduos de carbono, fazer o que está ao nosso alcance para restringir a avareza egoísta, o ódio e a ilusão da nossa mente e coração. Nos ajudaremos se imitarmos Gandhi — buscando reconhecer e equilibrar o nosso eu inferior e o mais nobre e elevado Eu interior. Podemos seguir as necessidades do tempo e ser pontuais e simultaneamente manter contato com o presente eterno em cada momento.

Uma maneira prática de facilitar o ato de "lembrar de lembrar", ou *reconsciência*, como o chamo, é repetir um mantra ou, como Gandhi, a única sílaba do nome de Deus todos os dias, às vezes em voz alta, às vezes em voz baixa, e se aproximar daqueles cimos que nos transcendem e ao mesmo tempo estão dentro de cada um de nós. Lembrar de tomarmos consciência da nossa respiração — o instrumento de meditação mais básico — é outra forma de fazer isso de momento a momento. Esses métodos simples lhe darão a base para viver mais completamente no presente e para sentir a atemporalidade em vez de achar que não tem tempo para nada. Essa vida de oração consciente o manterá centrado e estável e lhe permitirá viver pelo coração e não só pela cabeça, unindo-o com os outros.

Está preso no trânsito e atrasado para um compromisso? Está esperando por tempo demais para falar com alguém no telefone? Não podemos fazer nada em relação a essas chateações modernas, então não há motivo para que sua energia se torne negativa. Há uma prática simples que faço sempre que posso: Desejar o Bem aos Outros. Independentemente de quem ou o que eu encontre — pessoa ou animal, mulher ou homem, velho ou novo, humano ou não — eu lhes desejo o bem. Faça disso a sua missão e sinta-se bem de momento a momento.

Acolha o mundo, como fez Gandhi, de mãos, braços, coração e mente abertos. Isso fará de cada encontro algo significativo, elevado, e realmente de acordo com a sua alma e o seu Eu mais profundos e verdadeiros.

Tente desejar o bem de coração e abençoe a todos dizendo o seguinte para si mesmo ou até em voz alta:

Que você esteja feliz e em paz, seguro e alegre, contente
e completo, e continue sempre a crescer e a brilhar.
Que você tenha tudo o que precisa e quer.
Que os seus nobres sonhos se realizem.
Que o amor cresça e floresça na sua vida.

Como poderíamos ferir alguém dizendo isso? De que maneira poderíamos manipular, excluir ou explorar qualquer pessoa que seja? Ao praticar o "Desejar o Bem aos Outros", você perderá o sentimento de raiva para com as pessoas que o irritam ou desperdiçam o seu tempo. Deseje o Bem aos Outros e sinta a sua raiva se tornando bondade. Você verá como isso muda drasticamente a sua vida e vai se surpreender com a maneira com que as suas interações com os outros melhorarão.

Os Seus Eus

O conceito budista de *anatta* ("não eu", literalmente), de 2.500 anos atrás, é a coisa mais difícil de se entender na filosofia oriental, principalmente numa cultura ocidental individualista como a nossa, que glorifica a nossa singularidade imaginária. Mesmo assim, tudo no nosso individualismo — nosso corpo, nossos pensamentos e sentimentos, nossas preferências e intenções — é condicionado, programado pelo que veio antes e, além disso, é sujeito à revisão, à transformação, ao progresso e à degradação durante o avanço da nossa vida. Somos um processo, um trabalho em progresso. Estamos sempre *criando o nosso próprio eu* ou criando mutuamente o eu uns dos outros, pois pensamos que precisamos nos esforçar para confirmar a nossa existência e para encontrar a segurança num mundo que é inseguro e impermanente desde a raiz.

Anatta pode ser traduzido também por "sem dono", como na frase: meus pensamentos (ou minha identidade, ou meu corpo) não são meus por completo; eu não os criei nem os controlo. Somos, na verdade, uma constelação de energias e forças ligadas pelo nosso ego e pela nossa vontade de viver, alimentada por uma ilusão de independência e separação. Quando você entende isso, se livra do egocentrismo e se abre para formas de percepção mais evoluídas e compassivas. O nosso eu inferior é gerado pela genética, pela socialização, pela dinâmica familiar, pela pressão dos colegas e pelo nosso próprio histórico pessoal. Participamos na produção e na manutenção do último durante o contínuo processo de criação do eu.

Por outro lado, a nossa natureza verdadeira e espiritual, ou natureza búdica, está além do tempo e da mudança. E quanto mais acolhemos a nossa natureza búdica incorruptível, mais somos capazes de nos contentar com o nosso papel no grande mecanismo misterioso do tempo e do espaço. Imagine que você é uma célula no grande corpo que é a coletividade de todos os seres humanos e, por extensão, de todos os seres em todo lugar, aos quais somos inextricavelmente ligados.

Quando não reconhecemos essa ligação natural, é fácil nos sentirmos sobrecarregados, sentirmos que 24 horas não são suficientes para terminarmos as tarefas do dia. Com uma lista de coisas para fazer pesando sobre nós, tentamos terminar aquilo que pode ser feito em pouco tempo. Mas na nossa vida longa e maravilhosa, o que lembramos com satisfação não é aquele amontoado de coisinhas que fizemos — aquele relatório escrito, a roupa lavada ou a grama cortada —, e sim os grandes feitos, aqueles do Eu Superior, como as conexões que fazemos com as pessoas importantes na nossa vida, os filhos que criamos, o processo lento de dominar uma profissão ou ofício, a nossa contribuição para uma causa importante.

É difícil ver esse panorama quando nossos dias passam voando. Para piorar, muitas pessoas têm o estresse adicional de serem perfeccionistas. Elas não conseguem apenas remover uma coisa da lista e terminá-la. Sentem que devem checar tudo duas ou até três vezes, coisa que faz tudo levar mais tempo do que o necessário, mesmo quando já não há muito tempo disponível para começo de conversa.

Porém, há um tipo muito diferente de perfeccionismo, que é uma característica que vale a pena ter. *Dzogchen* (de *dzog*, "perfeito", e *chen*, "grande") é o maior ensinamento da tradição tibetana. *Dzogchen* é traduzido muitas vezes como a "Grande Perfeição" e se refere à integridade das coisas apenas do modo que elas são — a unicidade em meio à diversidade e a estabilidade em meio à mudança. Para querer vislumbrar essa Grande Perfeição, temos que parar de projetar para o mundo externo o que surge na nossa mente e, em vez disso, apenas *ser*.

Isso significa se desapegar dos nossos pensamentos, das ansiedades, do passado e do futuro. Em vez disso, viva com a mente no seu estado natural, original. Isso é exatamente o nosso objetivo quando meditamos. Se você conseguir fazer isso mesmo quando não está meditando, a barreira que existe entre você e os outros evaporará, mostrando a empatia, o amor, a compaixão e a compreensão. Nesse estado livre e aberto, você será capaz de preencher a sua vida de boas ações que lhe trarão a felicidade. Nem perfeccionista nem cético, você entrará facilmente no Caminho do Meio.

Um requisito para isso é se avaliar para ver onde está a sua atenção. Você está parado assistindo televisão sem pensar? Está preso ao computador? Saia do transe fazendo um esforço físico com atenção plena, esquecendo todo o resto. Esvazie a lavadora de louças ou empilhe os jornais para mandar para a reciclagem, mas o faça com toda a sua atenção. Percebo que, quando faço isso com toda a minha concentração, fico reenergizado. Como disse de forma tão bonita o mestre zen Thich Nhat Hanh: "Lavar os pratos é como dar banho em um Buda bebê. O profano é o sagrado. A mente de todos os dias é a Mente Búdica".

Esse tipo de "Meditação de Conexão Plena", como costumo chamá-la, reúne nossas energias e nossos pensamentos dispersos e os canaliza num só acorde. O resultado é sentirmo-nos restaurados e contentes. Quanto praticamos e interiorizamos o princípio da Meditação de Conexão Plena, aproveitamos o máximo de cada momento, quer estejamos em casa ou no trabalho, rastelando as folhas, brincando com nossos animais, conversando com um amigo, fazendo amor ou preparando o jantar. Podemos colher os frutos dessa contemplação profunda, porém simples, em qualquer lugar, a qualquer momento, com qualquer um. Quanto melhor você ficar nessa prática, melhor entenderá um dos segredos da vida no Tempo do Buda: *Não é tempo que nos falta, e sim concentração.*

Minha amiga Lynn, conselheira espiritual, tem um método simples e eficaz para retomar o contato com o Eu Superior. Quando se sente sobrecarregada, ela se levanta da escrivaninha e coloca as duas mãos no encosto da cadeira, ou na sua cintura, ou no peito, e respira fundo várias vezes. Olha para o ambiente de trabalho para ter uma perspectiva antes mesmo de pensar em voltar a trabalhar. Fica parada por um tempo até que as coisas se acalmem e se resolvam, dando um tempo e um pouco de ar para a consciência, apenas existindo, deixando que as partículas do globo de neve entrem em repouso. Depois de alguns momentos de calma, ela tem uma ideia mais concisa sobre o que precisa fazer e o dia prossegue com mais harmonia e eficácia.

Feche a porta do seu escritório e faça isso, se conseguir. Em vez de desperdiçar tempo e energia, você ajudará a tornar o seu dia mais produtivo e a aprimorar a sua capacidade de solução de problemas, recorrendo ao seu Eu Superior.

O Pescador Sábio

A relação entre o Eu Superior e o inferior é descrita de forma bela no Evangelho Gnóstico de Tomé. Uma das minhas passagens favoritas é o versículo 8, onde Jesus diz: "O Homem é como um pescador sábio que joga a sua rede no mar. Ao recolhê-la, vê inúmeros peixes pequenos. Entre eles, há um peixe grande e maravilhoso. Esse pescador sábio devolve todos os peixes pequenos ao mar e escolhe o peixe grande sem hesitação. Quem tiver ouvidos para ouvir, ouça."

Os peixes pequenos são os nossos desejos, ambições e objetivos momentâneos: a fortuna, a fama, o prazer, o conforto e outras experiências transitórias. Nada disso dura. Mesmo assim, buscamos essas coisas como se elas durassem para sempre. O peixe grande é encontrar o nosso sonho eterno. Muitas pessoas fracassam na busca pelo grande propósito da vida. Elas passam seus dias iludidas pelos desejos momentâneos e pelas forças caóticas ao seu redor. Ficam à mercê do tempo linear e sequencial, principalmente hoje em dia, em que o tempo é medido por cliques, mensagens de texto e *tweets*.

Aqueles que encontram uma grande paixão na vida — seja a vocação para o ensino, uma causa como o meio ambiente ou os direitos humanos, um passatempo como o golfe, o ato de bem exercer o papel de pai, vizinho ou amigo — têm um contato tão intenso com o Eu Superior que os dias e horas passam rapidamente. Essas pessoas sentem-se sempre contentes e renovadas.

Mas mesmo assim, grande parte dessas paixões têm um tempo de vida limitado. Creio que é isso que Jesus diz, além de todo o resto. Até os sonhos mais admiráveis e vitais, como o de ser pai, também podem passar. O que acontece quando as crianças crescem e se mudam? Ou quando chega a hora de se aposentar do emprego com o qual você sempre sonhou? Sendo assim, o que é o peixe grande — a maior paixão de todas, a que nunca acaba? Nessa passagem do Evangelho de Tomé, Jesus dá a entender que o maior sonho é a jornada rumo ao conhecimento de Deus (ou Alá, ou Buda, ou Espírito ou Moby Dick — como quer que se queira chamá-Lo). O pescador tolo busca coisas efêmeras que resultam apenas em perdas e sofrimento se ele se tornar dependente ou criar apego por elas. Mas o pescador sábio — como Deena, a estudante — joga fora todo o resto e segura aquele peixe puro e radiante, pescado do mar divino, que dá significado e alegria à vida.

Infelizmente, os discípulos nesses contos de sabedoria não compreendem os ensinamentos de Jesus sobre o eu inferior e o Superior (chamados nesse evangelho de "eu" e "Eu", respectivamente). Seus ouvintes o veem como o Messias predestinado, que os salvará milagrosamente da opressão romana e de todas as outras formas de sofrimento. Quando os discípulos lhe perguntaram: "Quando virá o Reino?", ele disse: "Não é a vossa expectativa que o trará... Mas o Reino do Pai está espalhado sobre a Terra e os homens não o veem".

Essa é uma ilustração perfeita sobre o tempo linear e o Tempo do Buda. A libertação, a salvação ou a iluminação não vêm pelo tempo histórico. Estão sempre presentes aqui e agora, em cada momento. Se esperarmos que elas venham, nunca virão. A visão de Jesus sobre o tempo e o paraíso é muito parecida com a de Buda.

Se o eu é um constante ato de criação, como dizem Buda e Jesus (e a psicologia moderna), então, na maior das escalas, além de tudo o que você pode imaginar, o Eu é uma força atemporal, dinâmica, criativa, abundantemente poderosa e divina. *Quando você trocar o eu inferior pelo Eu Superior, sua relação com o tempo mudará.* Na verdade, podemos dizer que o eu inferior vive no tempo sequencial comum e que o Eu Superior vive no Tempo do Buda. Reconhecer isso por experiência própria significa gozar de cada momento como uma parte do Todo Maior e deixar de lado as suas ideias de limitação. Não é necessário buscar intensamente pelo Eu Superior; ele já é intrinsecamente seu. Basta aprender a se abrir para o seu ser búdico, crístico, divino. E o eu inferior, mesmo que nunca esteja separado do Todo luminoso, é o que navega no mundo da vida diária para que o Eu Superior possa ir além.

Existem muitas maneiras de alcançar o nosso Eu Superior quando o inferior ameaça nos sobrecarregar. A psicóloga Mary Pipher, autora de *Reviving Ophelia* [Ressuscitando Ofélia], entre outros *best-sellers*, afirma que usa o som e a imagem de pássaros como sinos de templo, lembretes para respirar fundo três vezes e alcançar a natureza búdica e todos os seres vivos. Essa prática a ajuda a desacelerar, relaxar e criar um momento de transcendência. Você pode experimentar diversas maneiras de encontrar a porta para o seu Eu Superior. Grande parte de nós corre de qualquer jeito pela vida, quase nunca livre do peso do estresse causado pelas inúmeras tarefas que temos que fazer em tão pouco tempo. Aproveite cada oportunidade para sair da correria e respirar um pouco.

MOMENTOS DE ATENÇÃO PLENA

Como Alcançar o Seu Eu Superior

1. Faça um *exame ambiental* na sua agenda. Essa é uma prática muito importante quando você sente que saiu do centro. Nessa cultura ocidental que mede a qualidade e o sucesso pela quantidade de coisas que fizemos em um dia, por quantos lugares visitamos e por quão ocupados somos, é revigorante parar um pouco e refletir. Leve em consideração todas as coisas da sua lista que "precisam" ser feitas e se pergunte: "Será?".

2. Quando você não conseguir encontrar tempo para fazer o que tem de fazer, apenas dê o próximo passo. É como dirigir na neve densa: deixe o carro em marcha lenta e acelere – devagar e sempre. Muitas vezes, quando você está travado ou sobrecarregado, um passo é o suficiente. Sempre haverá tempo para mais um passo. E depois mais outro.

3. Quando você está sobrecarregado pela falta de tempo e pelo excesso de coisas para fazer, sua mente pode desligar e parece que só você está tentando terminar todas essas coisas sozinho. Mas lembre-se de que estamos todos juntos nessa jornada e que sempre ajudamos uns aos outros pelo caminho. Perceba que você normalmente sente o pânico e a urgência mais fortes quando sente que tudo está nas suas costas. Em vez disso, tente ver a nossa unidade. Você sempre faz parte de uma equipe, sejam os seus colegas de trabalho, sua família, seus amigos ou o universo de seres à sua volta. Todos já sentiram o que você sente. Tente dizer em voz baixa para si mesmo: "Estamos todos juntos".

4. A nossa velocidade altíssima nos faz pensar que *tudo* é extremamente urgente. Mas sabe de uma coisa? Isso não é verdade. Saiba que nem todo e-mail precisa ser respondido e nem mesmo aberto logo de cara. Respire e reestruture as suas prioridades de uma maneira que permita que tudo seja feito calmamente. Avalie as suas necessidades e veja quais são as mais importantes. Aprenda a dizer a si mesmo: "Isto pode esperar".

E não se esqueça de simplesmente relaxar! Eu adoro a história que vou contar porque ela demonstra que até os mais sábios mestres espirituais conhecem o valor de não se levar a sério. Num outono, perto do Halloween, o Dalai Lama foi convidado a palestrar na Universidade de Yale. Naquela tarde, os anfitriões, em sua maioria respeitáveis pedagogos com suas becas e insígnias da associação *Phi Beta Kappa*, o conduziram para uma recepção pomposa. Depois de baterem em sua porta, se surpreenderam ao serem recebidos por um homem em vestes de Lama e usando uma máscara de Groucho Marx, com óculos, nariz, bigode e todo o resto. Era Sua Santidade, o Dalai Lama, se divertindo um pouco no Halloween.

Perder Vícios para Ganhar Tempo

Entre todas as substâncias que usamos e abusamos, a mais importante delas é o tempo. O nosso eu inferior faz de tudo para economizar alguns segundos ou minutos, mesmo jogando fora anos e dias da vida. Por exemplo, em vez de caminhar ou ir de bicicleta a um café que fica a oitocentos metros de casa, meu vizinho Fred prefere ir de carro. Se somarmos todos os custos diretos e indiretos, entre eles o combustível, a quilometragem, o desgaste, o seguro, os impostos rodoviários e a emissão de carbono, Fred paga muito mais do que só o preço do jornal e do *cappuccino*.

Se ele andasse, é claro que teria muitos benefícios. Andar fortalece nossos pulmões, intestinos e todos os outros órgãos, sistemas e funções do corpo. Nos aclimata aos elementos, fazendo com que nos adaptemos melhor ao calor e ao frio extremos (diminuindo nossos gastos de tempo e dinheiro com ar-condicionado). Caminhar desperta os nossos sentidos, estimula a nossa atenção, relaxa a mente, circula a nossa energia e nos põe em contato com a natureza. Mesmo nas caminhadas comuns, sempre há algo novo ou algum ente querido — humano, animal ou meteorológico — que cruza o nosso caminho. Caminhar não é uma distração ou um desperdício de tempo, é uma meditação natural, uma pausa no meio do dia para se valorizar e um investimento para um futuro saudável e longo. Caminhar todos os dias pode até mesmo prevenir um ataque cardíaco.

Se você pensar sobre os nossos vícios mais comuns — café, refrigerante, cigarros, chocolate, açúcar, álcool, drogas e coisas do tipo — verá que a maior parte deles sai de uma tentativa de equilibrar ou controlar o tempo. Ingerimos cafeína de manhã e frequentemente durante o dia para acordar, ficar alerta, estimular a criatividade, alargar a nossa agenda, não dormir e permanecermos produtivos mesmo quando sentimos que não temos mais condições de produzir. Fumamos para acalmar, relaxar e melhorar nossa concentração, principalmente quando trabalhamos com uma coisa estressante ou chata e repetitiva que faz o tempo ficar cada vez mais lento até quase parar e precisamos de pausas para quebrar o tédio. Devoramos chocolate e outros doces tanto para nos estimular quanto para anestesiar a dor e a frustração do dia ou de um transtorno emocional. Nosso nível de açúcar no sangue vai para as alturas, esquecemos por alguns momentos a impermanência da vida e que as coisas que não podemos mudar não importam — pelo menos pelos minutos que dura a euforia. Bebemos e nos drogamos para afogar a mágoa dos apegos às coisas que o tempo tirou de nós ou que deixamos passar e para amenizar as nossas preocupações com o futuro. Todas essas substâncias nos permitem escapar para um mundo de fantasia induzido quimicamente, onde o tempo parece parar e tudo é bonito e confortável.

Sem dúvida, os benefícios dos vícios não duram muito e necessitam de doses cada vez maiores para fazerem o mesmo efeito. Como resultado, nossa saúde é prejudicada, a consciência se nubla e nos tornamos cada vez mais dependentes das substâncias que distorcem a nossa orientação do tempo e do espaço. Os meios que os budistas usam para superar o estresse e as dificuldades são os chamados *meios hábeis* — abordar de forma eficaz e apropriada o que é necessário fazer.

Conheço uma jovem que tem um trabalho estressante. "No fim do dia", Marian me disse, "tudo o que quero fazer é deitar em frente à TV com uma garrafa de vinho." É assim que ela passava a maioria das suas noites; depois, ia dormir e recomeçar o ciclo. Outras pessoas perdem o rumo na Internet. Com certeza, nada disso nos revigorará para o dia seguinte. Pedi a Marian que tentasse caminhar um pouco, comer alimentos naturais, meditar, fazer exercícios ou artes marciais, fazer ou escutar música, pintar, fotografar, escrever um poema ou blog ou experimentar outras formas de fazer contato com o Eu Superior. Se Marian buscar fazer essas coisas com a Meditação de Conexão Plena, se sentirá renovada e reabastecida e poderá aplicar os meios hábeis ao seu trabalho.

Talvez o maior vício da nossa era seja o dos aparelhos eletrônicos — a nossa incapacidade de nos livrarmos do estímulo constante da informação e da distração tecnológicas. Cada e-mail que recebemos, cada música que baixamos, cada conversa de texto que temos com um amigo dispara sentimentos de alegria, fazendo jorrar dopamina no centro de prazer do nosso cérebro. Esse neurotransmissor, também liberado quando nos alimentamos ou fazemos sexo, é responsável por sentimentos de recompensa ou satisfação, e somos feitos para amar essas sensações. Mas do mesmo modo que a nossa necessidade de sal e açúcar trouxe problemas de saúde nunca vistos quando alimentos cheios desses ingredientes se tornaram baratos e fáceis de conseguir, o nosso gosto por nos conectar e interagir com os nossos computadores, *smartphones*, iPods e outros aparelhos chegou a um ponto em que, em vez de nos economizar tempo, ele o tira de nós.

Um artigo recente da *Newsweek* citou o psicólogo clínico Adam J. Cox explicando que há meio século, as pessoas ficavam entediadas depois de algumas horas sem nada para fazer. Hoje, um jovem se entedia depois de *trinta segundos* sem atividade. As crianças estão crescendo com uma interação praticamente constante com aparelhos eletrônicos. Assim, não sobra tempo para a imaginação, exploração, socialização, análise ou para a reflexão. Quanto aos resultados disso tudo, só podemos especular; mas creio que as gerações futuras perderão as preciosidades do Eu Superior, como ter relações variadas com outras pessoas, ler um livro que pode mudar a nossa vida e buscar aquela vida ponderada que é o nosso direito de nascença.

Na idade adulta, consumimos informações constantemente. Algumas pessoas até chegam a levar o BlackBerry para o banheiro. Quando passamos de tela para tela na nossa casa, no carro, no escritório e em toda parte, cortamos o tempo em fatias cada vez mais finas, até que ele nos escapa da mão. Estamos perdendo o hábito de fazer uma pausa. Mesmo estando de férias, checamos o e-mail cinco vezes por dia e não fazemos intervalos entre as atividades apenas para desacelerar e existir. Os cientistas dizem que sem um tempo de descanso, não somos capazes de transformar as nossas experiências em memórias sólidas. O fluxo digital incessante nos cansa e consome cada momento livre que temos. Prestamo-nos um desserviço quando matamos o tempo dessa maneira.

Merecemos mais do que isso. Como resistir a esse modo de vida irresistível — àquele fluxo de adrenalina que acompanha cada bip? Repito: prestando plena atenção a cada coisa que encontrarmos. A Meditação de Conexão Plena — quanto mais você a praticar diariamente — é o antídoto para os vícios tecnológicos que fragmentam a nossa concentração. Saia de perto do computador, deixe de lado o celular e se concentre na terra verde à sua volta, no riso de uma criança, no seu próprio sopro vital.

Uma das descobertas recentes mais animadoras na neuroquímica do cérebro é a de que a meditação aumenta a produção de serotonina, um neurotransmissor que influencia positivamente o humor, o comportamento e o bem-estar emocional. Esses estudos nos levam a concluir que a meditação nos oferece uma maneira segura e natural de relaxar e estabilizar o humor. Além de causar estresse e ansiedade diariamente, a falta de serotonina é associada a uma série de distúrbios como a obesidade, a insônia, a narcolepsia, a apneia do sono, enxaquecas, TPM e fibromialgia. Se um número significativo de pessoas meditasse, o uso de Prozac e outros antidepressivos diminuiria em vez de aumentar como aconteceu nos últimos tempos. Se você toma um antidepressivo ou algum remédio contra a ansiedade, considere a possibilidade de incorporar a meditação na sua vida regularmente. Se você transformar a prática de se conectar com o seu Eu Superior num hábito, descobrirá, consultando o seu médico, que precisa de uma dose menor, ou até mesmo nenhuma.

Partes de um Todo Maior

No livro *The Biology of Belief* [A Biologia da Crença], o biólogo celular Bruce H. Lipton fala sobre a base científica da conexão entre o corpo e a mente e afirma a seguinte maravilha: uma única célula é como um microcosmo de todo o corpo humano. Por extensão, eu diria que cada ser humano é um microcosmo de toda a espécie.

Agora imagine cada um de nós como uma célula no corpo de um Todo Maior — o universo além do tempo e do espaço. Somos unidos inextricavelmente com outras comunidades ou sistemas: nosso sistema familiar, nossos amigos e colegas, nossa cultura, nosso país, todo o planeta, o sistema solar e o universo galáctico. Há apenas uma pequena diferença entre os seres humanos e os primatas. E só uma pequena diferença entre a estrutura química da hemoglobina no sangue e a da clorofila nas plantas. Essa interligação entre os seres não é surpreendente?

Nessa cultura empírica, materialista e racional, não é fácil sentir intuitivamente nossa relação intrínseca com toda a cadeia dos seres. Mas quando podemos vivenciar o poder dessa conexão, descobrimos que ela acaba com os limites, a mente fechada e os pensamentos e emoções temerosos e nebulosos. A rede e a diversidade da vida me lembram da filosofia de Albert Schweitzer, que reverencia a vida. No interior da África, o grande médico descobriu a igualdade com tudo o que existe. "Sou vida querendo viver no meio da vida querendo viver", observou. Durante cinquenta anos, ele trabalhou incansavelmente sob o sol quente equatorial, tratando pacientes com lepra, disenteria e outras doenças contagiosas que acabavam em sua clínica gratuita no meio da selva. O bom doutor também mantinha uma coleção de animais no seu hospital com muitas criaturas, entre elas um pelicano de estimação. Os visitantes, lembrando das histórias de Buda e de São Francisco, sempre notavam como os pássaros, animais e até mesmo os insetos eram atraídos pela sua presença gentil.

Schweitzer é mais um bom exemplo de alguém que podia distinguir o eu do Eu. Quando jovem, tornou-se célebre na Europa como teólogo e organista. O seu livro sobre o Jesus histórico, desafiou o protestantismo; e os seus concertos com obras de Bach eram inigualáveis. Mesmo assim, a vida de teólogo e celebridade musical não era para ele. Olhando dentro de si, percebeu que o seu Eu mais profundo seria manifestado se vivesse servindo os outros com compaixão. Com o espírito do Pescador Sábio, jogou de volta ao mar a fama e a fortuna. Para a sua surpresa, Schweitzer tornou-se ainda mais renomado quando deixou a civilização moderna para viver na mata africana, mas ser o médico mais famoso do mundo jamais passara pela cabeça dele. Logo ele ganhou o Prêmio Nobel da Paz pelo seu exemplo de moral e ética. Durante a Guerra Fria, alguns cientistas disseram que a chuva radioativa não era mais perigosa do que a radiação de um relógio de pulso, motivando Schweitzer a declarar: "Não há hora para a verdade", resumindo seu método de viver a vida com total comprometimento. "A hora é agora — sempre."

Nós, seres limitados pelo tempo, precisamos passar pelos estados progressivos do crescimento, da dependência infantil à independência adulta, antes que possamos perceber a nossa interdependência intrínseca e a liberdade e a autonomia do Eu Superior. Isso é simplesmente um desenvolvimento psicológico saudável. Carl Jung disse que a primeira metade da vida é passada desenvolvendo o nosso ego, e propôs que a segunda metade deve ser passada transcendendo o que criamos. Uma criança não está pronta para transcender o eu comum do dia a dia, simplesmente porque ainda não o desenvolveu. Mas não devemos menosprezar o eu inferior. Ele é, afinal, parte do Eu Superior da mesma forma que o tempo é parte do atemporal. Pense no eu inferior como um brilho no olhar da sua Natureza Búdica.

Para diante e para dentro, costumo dizer. Crescer e se interiorizar, para ser o seu Eu autêntico, é um grande desafio. Primeiro, você tem que buscar reconhecer as limitações do seu eu inferior e, compassivamente, *aceitar* todos os seus defeitos, pois negar ou ignorar seus problemas é um desvio que custa caro. Você poderia, neste momento, listar os seus gostos e desgostos, inclinações, aversões, maus hábitos e bom senso, o que o irrita, seus pontos cegos e preconceitos, seus maiores feitos e falhas? Tente. O princípio básico da vida iluminada é ver as coisas como elas são.

Mesmo mantendo uma quantidade módica de autoestima — o Caminho do Meio — você não pode se permitir sentir que é mais especial que os outros ou que qualquer outra coisa. E ver a si mesmo como pior que os outros é apenas mais uma forma de narcisismo. Tenho certeza de que nenhum de nós, seja santo ou pecador, está mais próximo de Deus ou do Buda do que qualquer outra pessoa; todos temos a Natureza Búdica. Como poderíamos nos aproximar ainda mais do Eu Superior, se ele já está tão próximo de nós quanto a nossa respiração e o nosso sangue?

PAUSA PARA REFLEXÃO

Um Mergulho na Tranquilidade

Vamos fazer um experimento teórico sobre a busca da nossa verdadeira natureza e a relação entre o eu e o Eu, o tempo e o atemporal. Ele ajudará você a vivenciar uma realidade mais profunda em meio à impermanência da vida e a superar o estresse, os obstáculos e as distrações que enevoam a sua identidade e a sua consciência.

Comece com a leitura, depois faça uma pausa e escute o silêncio.
Respire fundo algumas vezes e mergulhe na tranquilidade.
Respire, Sorria, Relaxe.
Deixe passar.
Deixe ser.
Agora pergunte:
Do meu corpo – o que permanece?
Daquilo que penso, sinto e entendo – o que permanece?
Daquilo que gosto e desgosto – o que permanece?
Daquilo que quero e desejo – o que permanece?
Da minha capacidade de escutar, ver, cheirar, saborear
e da minha capacidade física e mental – o que permanece?
E quando eu
deixar o corpo;
deixar os pensamentos e sentimentos;
deixar os gostos e os desgostos;
deixar a força de vontade e as intenções;
deixar a audição, a visão, o olfato, o paladar e a capacidade mental –
O que sobra?
Quem sou eu, além do meu corpo e da minha mente analítica, da minha
personalidade, da imagem que tenho de mim mesmo e da minha história?
Quem continua durante todos os estados e passagens da vida,
da infância à juventude, à adolescência, à maioridade,
à meia-idade, à velhice e ainda mais ao futuro?
O que posso fazer, se é que posso fazer algo,
para Me estabelecer
no meu verdadeiro Eu,
minha essência mais irredutível?
Pergunte-se:
Quem e o que sou eu, realmente, sob tudo isso?
Quem ou o que continuará quando meu corpo se tornar pó?
Quem ou o que sou eu neste instante?
O que é o tempo, na verdade?

Deixe essa pergunta ressoar no silêncio.

Crie Tempo para a Sua Vida

Espero que o experimento acima, de contemplar a impermanência do seu eu inferior o tenha ajudado a perceber a importância de se conectar com o seu Eu Superior. Caso contrário, pode acontecer de a vida apenas se desenrolar como uma colcha de retalhos à sua frente e você acabar perdendo a melhor parte da viagem, o voo de tapete voador para os reinos da autodescoberta, da autorrealização e da união com todos os seres.

Não podemos deixar de lembrar do Eu Superior durante a correria da vida. Gosto de repetir o seguinte verso budista quando me sinto estressado e sobrecarregado pelas tarefas e necessidades:

Decido não desperdiçar tempo com desejos vazios.
Comprometo-me a superar a busca por novas experiências.
E quando o faço, sinto um aumento na energia, na atenção espacial e na clareza.
Logo aumentam o entendimento e o tempo para fazer o que precisa ser feito.

Quando decidimos nos afastar do vício da nossa cultura por formas cada vez mais grandiosas de consumo e competição, encontramos todos os tipos de satisfação e contentamento através da liberdade e da autonomia, incluindo uma nova energia, mais tempo e mais espaço numa qualidade de vida nova e diferente. Quem não tem tempo para uma experiência tão rica?

Minha amiga Janet, líder de uma fundação cristã, professora de escola dominical e mãe, me disse que a sua produtividade e a sua permanente disposição a atarefar-se — que podem ser consideradas um ponto positivo, às vezes — de vez em quando se tornam obstáculos. Quando se sente sobrecarregada, Janet lembra de parar, respirar uma ou duas vezes e depois se perguntar: "Qual a coisa mais importante a se fazer agora?".

Nas primeiras vezes em que tentou meditar, no fim do dia ela percebia que não se lembrara de o fazer. Não que ela não tivesse tempo para meditar; em vez disso, não tinha aquilo como prioridade. Mesmo com todo o seu trabalho e com o papel de mãe a cumprir, logo descobriu que pelo menos vinte minutos por dia estavam disponíveis para o simples ato de sentar-se e unir-se com o Eu — se ela realmente quisesse. E também descobriu que não fazer nada e somente meditar por vinte minutos diários fazem todos os outros minutos do dia passarem suavemente, com facilidade e clareza.

"Em vez de acionar o piloto automático assim que o despertador tocava", disse ela, "aos poucos passei a prestar atenção em mim mesma durante o dia e a notar no que estava concentrada. À medida que me tornei mais atenta, me surpreendi com quanto da minha atenção não estava no momento presente. Quando me tornei mais consciente do aqui e do agora, criei mais raízes e mudei completamente o rumo da minha vida. Quando minha filha passou por uma crise emocional na faculdade, me senti impotente e aterrorizada. Como eu poderia ajudá-la a cada momento? Como poderia ajudar a mim mesma? A atenção plena, a oração e a prática da meditação foram as coisas que me ajudaram."

Fisiologicamente, as técnicas de meditação que aumentam a atenção plena têm um efeito calmante incrível, que aumenta a atividade no córtex pré-frontal e reduz a atividade na amígdala — os órgãos que processam e memorizam as reações emocionais. A prática regular de Janet fez com que ela fosse capaz de decidir e agir sabiamente até mesmo em momentos de estresse intenso.

A seguir, descrevo uma prática chamada de Simplesmente Ser, que o ajudará a entrar em contato com o seu Eu mais profundo e autêntico. Ela o ajudará a ver que você é perfeito agora, do jeito que é: sem lutas, sem esforços, sem tensões nem conflitos internos.

PAUSA PARA REFLEXÃO

Simplesmente Ser

Sente-se confortavelmente.
Pode até fechar os olhos ou baixar o olhar.
Respire fundo uma ou duas vezes e relaxe.
Respire lentamente e deixe tudo passar.
Libere a tensão e relaxe mais um pouco.
Pare e se estabeleça
de volta no ser, no simples ser.
Deixe tudo se estabelecer sem a sua
interferência ou mudança.
Deixe passar. Onde quer que as coisas

58   O Tempo do Buda

caiam, tudo está bem por enquanto.
Abra-se à sabedoria de permitir,
de aceitar tudo.
Seja amigo de si mesmo; familiarize-se com a sua
presença fundamental. Não deixe a consciência ser interrompida
por técnicas ou conceitos.
Se você se sentir perdido, distraído ou sonolento
volte a atenção à sua respiração. Observe a respiração;
observe a inspiração e a expiração que acontecem
sem o mínimo esforço. Sinta a respiração entrando e saindo, ancorando-o no
momento presente enquanto você, novamente, deixa tudo passar
sem julgar, avaliar ou interferir.
Abra-se gradualmente à presença, sem a necessidade de esforço; volte a sua
atenção para dentro. Tudo o que procuramos pode ser encontrado internamente.
Este é o processo e a prática da liberdade interior.
Ser o Buda, ser você mesmo.
Ser tudo.

Pesquisas recentes sobre exercícios de meditação como este levaram a conclusões surpreendentes a respeito da natureza do eu, principalmente na sua relação com o tempo e o espaço. Em estudos com os lobos frontais de praticantes da meditação tibetana, o médico Andrew Newberg relata que foi capaz de isolar as áreas com a maior atividade medindo o fluxo sanguíneo com uma tecnologia avançada de escaneamento cerebral chamada SPECT (*single photon emission computed tomography*, ou tomografia computadorizada por emissão de fóton único). Os testes do dr. Newberg demonstram que a parte da frente do cérebro, que normalmente é relacionada à atenção e à concentração, fica muito mais ativa durante a meditação. Ele também observou uma diminuição na atividade do lobo parietal, a parte do cérebro que nos orienta no tempo e no espaço.

O dr. Newberg descobriu que quando quem medita se concentra dentro de si e essa área do cérebro é privada de estímulos sensoriais, a ideia de eu cessa — não há mais "fronteira entre eu e o mundo". Longe de se tratar de um estado psicológico ou espiritual, os pesquisadores descobriram que a percepção do eu como "um com toda a criação" tem uma base neurológica e é vivenciada como "plenamente real".

Que união maravilhosa entre a ciência moderna e a espiritualidade! A neurociência quantificou o desaparecimento dos limites entre o eu e o cosmos no cérebro meditativo.

A Figura na Parte Mais Alta do Totem

Onde está você? Nos fragmentos das memórias, diários, nas correspondências, fotos, filmes e nos vídeos de você nos diferentes estágios da sua vida? Ou no espelho, onde tudo é bidimensional e invertido? O verdadeiro você nunca, nunca será capturado. Se você é como a maioria das pessoas, sente-se desconfortável ao ver uma foto de si mesmo ou ao ouvir a própria voz gravada. "Não é assim que eu sou [ou como falo]!", diz. Tudo o que fazemos ou criamos é como uma postagem na nossa página do Facebook: a manifestação do eu daquele momento. Você pode observar trinta imagens de uma sessão de fotografias e talvez encontrar uma que chegue perto de ser parecida com você. Somos tudo o que somos e nada do que somos. Como disse o poeta, "Tenho multidões dentro de mim".

Os povos indígenas do litoral noroeste dos Estados Unidos, às margens do Oceano Pacífico, sintetizavam no totem esse desafio artístico e espiritual. Mesmo havendo muitos tipos de totem, entre eles os que retratam os ancestrais, os parentes, os heróis e as criaturas mitológicas, os entalhes normalmente representam os estágios do autoaperfeiçoamento. O desenrolar hierárquico desse processo se refletiu em algumas línguas ocidentais na expressão "a figura na parte mais baixa do totem". Espiritualmente, isso significa o nosso eu diário ou inferior, enquanto o entalhe no topo simboliza o nosso Eu Superior, mais evoluído, sagrado. Bem debaixo do rosto que está em cima, normalmente há um grande par de asas se estendendo para os lados. Essas asas simbolizam a alma voando para o reino além do tempo e do espaço. Juntos, os diversos rostos do totem — dispostos como os chakras, ou centros naturais de energia do corpo — apontam para o todo ou para a totalidade do ser e para o processo ascendente do despertar, do crescimento e da maturidade, pelo qual alcançamos o nosso potencial máximo.

Para ver o todo, você precisa da vista panorâmica de cima do totem. Para isso, é necessário superar as distrações diárias que o privam de ver e abraçar o seu Eu Superior. E para *isso*, você precisa encontrar a eternidade no momento presente cristalino, comprometendo-se por completo com a sua atividade atual. Para viver no Tempo do Buda, você tem que encontrar momentos durante o dia para transcender o seu eu inferior. Assim, na menor das ações, chegará ao ponto mais alto e mais profundo possível.

No Capítulo 3, você aprenderá a sincronizar o tempo linear e o tempo cíclico, a entrar em sintonia com os chakras e com os ritmos circadianos do seu corpo e a escutar a sua pulsação mais profunda — a medida de tempo mais confiável que você possui.

Capítulo 3

COMO ENTRAR EM SINCRONIA

> Para ver o mundo num grão de areia
> E o paraíso numa flor silvestre,
> Segure a infinidade na palma da sua mão
> E a eternidade numa só hora.
>
> — William Blake

Uma das melhores perspectivas sobre os mistérios do tempo é a de Jill Bolte Taylor, uma neurocientista de Harvard que sofreu um derrame aos 37 anos. No seu fascinante livro, *A Stroke of Insight: A Brain Scientist's Personal Journey*, ela narra a sua experiência das limitações causadas pelo derrame e os oito anos que levou para reconstruir sua vida. Como descobriram os médicos, Taylor tinha um coágulo do tamanho de uma bola de golfe, que desligou completamente o hemisfério esquerdo do seu cérebro.

Em apenas quatro horas, Taylor viu sua própria mente se deteriorar até o ponto de não conseguir andar, falar, ler, escrever ou se lembrar de nada. Enquanto o lado esquerdo do seu cérebro — o lado racional, estável e orientado pelo tempo e pelo espaço — se incapacitou quase por completo, ela alternava entre duas realidades: a do lado direito, criativa e associativa, que manteve uma sensação de perfeita paz e bem-estar durante toda a provação; e o lado esquerdo, analítico, que percebeu que passava por um derrame e foi sagaz o suficiente para buscar ajuda enquanto ainda havia tempo.

Depois da recuperação, buscando palavras para descrever como é viver só com o lado direito do cérebro, Taylor citou o maravilhamento de uma criança: "É mais ou menos como o céu azul que está sempre lá em cima; vejo o céu azul como o hemisfério direito. Ele está sempre ali, sempre fazendo o que sempre faz. Uma entidade constante. O hemisfério esquerdo é representado pelas nuvens e as nuvens são a falação do cérebro. As nuvens vêm, os pensamentos vêm e bloqueiam a vista do céu azul, mesmo ele estando sempre lá." É interessante o fato de a descrição dela dos hemisférios esquerdo e direito do cérebro ser parecida com a relação que examinamos entre o eu inferior e o Eu Superior.

Durante os estágios iniciais da recuperação, Taylor se sentiu perdida no céu azul e, para poder fazer alguma coisa na vida, ela tinha que decidir conscientemente trazer as nuvens de volta. Como algumas pessoas que passam por experiências de quase morte, que voltam de um mundo de luz, ela tinha que voltar conscientemente ao mundo normal. Durante a cura, à medida que o lado esquerdo e lógico começou a se recuperar, ela aprendeu a transitar de um lado para o outro. Através da visualização, começou a fortalecer ou refazer seus circuitos neurais. Foram necessários muito esforço e muita vontade, pois flutuar no céu azul ilimitado era muito gostoso e pacífico.

No fim das contas, Taylor viu o seu período de oito anos de doença e recuperação como uma dádiva e não como um desperdício de tempo. Isso tudo fez com que ela percebesse que a chave para viver uma vida feliz e plenamente realizada é reconhecer que é necessário sincronizar os dois lados do cérebro, e ela escreve que a vida, depois disso tudo, é muito mais gratificante. Precisamos do lado esquerdo para analisar, avaliar, tomar as decisões, elaborar estratégias e as executar. Mas também precisamos do lado direito para sonhar, imaginar, reconhecer padrões, expressar nossos sentimentos e gozar a vida. Ninguém é capaz de viver só com o lado direito ou só com o esquerdo do cérebro (pelo menos não por muito tempo). "Está na hora de rompermos os limites e decidirmos que temos um cérebro completo, e isso é uma coisa linda", declarou.

Uma das grandes diferenças entre as duas metades tem a ver com o modo de vivenciar e gerenciar o tempo. No modo do lado esquerdo, Taylor ficava quase constantemente sob pressão e estresse. No modo do lado direito, não havia medida de tempo (um fato que complementa a pesquisa de Andrew Newberg que mencionei no último capítulo). Ela se sentia livre para criar, sonhar e aproveitar a vida sem qualquer urgência.

Felizmente, há uma ponte natural entre as duas metades do cérebro que não nos permite viver exclusivamente com um ou outro hemisfério. É uma pequena ligação nervosa chamada corpo caloso. Podemos dizer que ele une a nossa cabeça e o nosso coração, a mente e as emoções, nossas energias masculinas e femininas.

Enquanto descreve sua extraordinária experiência, Taylor usa incansavelmente termos como "atemporalidade", "interligação", "no momento", "quadro maior", "bem-aventurança" e "paz" — palavras que são mais encontradas na literatura mística. Como descobriu essa intelectual segura de si, formada em Harvard, não havia vocabulário científico para se descrever a experiência. Ela teve que fazer uso do vocabulário básico. Depois, a busca pelo sentido disso tudo a levou para ensinamentos espirituais e metafísicos, principalmente os do budismo.

A conclusão do trabalho de Taylor é um resumo de estudos médicos atuais sobre praticantes da meditação tibetana e freiras franciscanas. É interessante que, como os pontos no símbolo do yin e do yang, as últimas pesquisas neurológicas mostram que a felicidade, o entusiasmo e a sensação de estar cheio de energia vêm do córtex pré-frontal esquerdo, enquanto a ansiedade, a raiva e a depressão estão localizadas no córtex pré-frontal direito — o contrário do que esperamos. Os estudos mostram, entretanto, que a meditação reforça as fibras nervosas do corpo caloso e aprofunda a comunicação entre os dois hemisférios.

A maneira com que Taylor descreve a libertação da pressão do tempo — um céu azul radiante e imaculado, periodicamente encoberto por pensamentos obscuros e ansiosos — não é particularmente budista ou religiosa, nem tampouco científica ou psicológica. Mas a meditação tibetana praticada há milênios, bem como cerimônias contemplativas análogas entre os maias, os antigos celtas, os hopis e os xamãs dos demais povos indígenas, dão credibilidade à experiência dela, sublinhando a união intrínseca entre o Oriente e o Ocidente, a sabedoria tradicional e a ciência moderna e os lados de luz e trevas da nossa psique.

O Pai Tempo e a Mãe Terra

Nos primeiros dois capítulos, aprendemos a entrar na esfera no Ritmo Natural e a nos conectar com o nosso Eu Superior. Agora, veremos como entrar em sincronia tanto com o tempo linear quanto com o tempo cíclico — um estágio importante na jornada para o equilíbrio, para a integridade e para a percepção do nosso potencial em sua totalidade. Exploraremos a relação entre o Pai Tempo e a Mãe Terra dentro de nós e como os ensinamentos de sabedoria do budismo podem nos ajudar a fazer as pazes com o tempo, conduzindo-nos de volta à centralidade e ao equilíbrio. Veremos como harmonizar o pensamento e o comportamento do lado esquerdo e do lado direito do cérebro e a alinhar os chakras. Descobriremos ainda os melhores momentos do dia para perceber o nosso potencial e bem-estar.

Do mesmo modo que Jill Bolte Taylor viveu essa demonstração dramática das qualidades dos dois hemisférios do cérebro, ao longo da história sempre vimos o tempo e a natureza como elementos opostos, chegando mesmo a designá-los com sexos diferentes. Na mitologia ocidental, o Pai Tempo (*Father Time*) é um ancião de barbas brancas segurando uma foice e uma ampulheta, dentro da qual escorrem as areias do tempo. No Ocidente, o Pai Tempo normalmente é representado ao lado da Mãe Natureza ou Mãe Terra, o arquétipo da deusa que se manifesta em todos os aspectos da nossa vida como uma energia que alimenta, aquela que cuida de nós, a base para a existência e o útero da criatividade. Todos saímos dela e a ela retornamos.

O princípio e a energia vital feminina desempenham um papel poderoso nos ensinamentos budistas mais elevados, que tentam equilibrar o masculino e o feminino, as polaridades solar e lunar. Ela é a imagem e a encarnação de *Prajna Paramita*, a sabedoria mais elevada; de *shunyata*, o vazio vasto, a aceitação infinita; e de uma sensação de amplitude, quente, compassiva, que abraça tudo. Na verdade, na literatura budista a sabedoria suprema é chamada a Mãe Venerável, o útero da iluminação, porque ela *é* o grande mistério por excelência, a nossa essência primordial.

Pense em quanta energia você tem quando alimenta ou é alimentado. Temos que dar para receber, e temos de rir, chorar, pensar e sentir todos os dias para viver e nos sentir bem. Não é difícil reconhecer que o amor e a gratidão são instrumentos que nos renovam quando nos sentimos esgotados. Toda ânsia por sexo, televisão, Internet e outras válvulas de escape transitórias vem da solidão e da falta da energia poderosa, ativa, consciente e sábia da Mãe Divina. Como diz o Dalai Lama, "Em todo lugar estamos falando o tempo todo sobre a paz para a humanidade. Um mundo pacífico. Mas isso não vem da oração, nem da tecnologia, nem do dinheiro, nem da religião, e sim da Mãe". Um planeta harmonioso e uma alma tranquila vêm da essência da maternidade: compaixão, nutrição e amor.

O Pai Tempo é o tempo linear, as areias caindo grão por grão num fluxo infinito. O budismo chama essa realidade finita de "tempo relativo". É a história ou o roteiro em que atuamos enquanto os anos passam: manter a nossa rotina, planejar o futuro, aprender com o passado e progredir. O Pai Tempo representa essa dinâmica incansável e essa jornada inventiva pela melhora, pela inovação e pelas conquistas. Essa energia sagrada masculina ou yang incorpora o *fazer*.

Em contrapartida, a Mãe Natureza representa o tempo cíclico terrestre, as estações, as fases da Lua, os ritmos do dia e da noite, do nascimento e da morte e dos outros começos e términos que se repetem sem parar. A Mãe Natureza representa a sabedoria e a consciência da experiência, da repetição e da prática. Essa energia sagrada feminina incorpora o *ser*. Mas sendo ela a Deusa, a fonte supraformal e divina de todas as coisas, ela é também o Tempo Absoluto, Grandioso, a dimensão do tempo que se estende sem começo nem fim. Pense: se não há nem começo nem fim, como podemos dizer que o tempo existe? Onde estão os seus limites? O que está fora dele ou ao seu lado? O tempo é como o espaço — do qual a ciência nos diz que é inseparável —, sem limites e sem base.

O tempo é. E não é. Uma boa pergunta zen: como isso é possível? A resposta é "Ambos". A totalidade é assim: um número de equilibrismo. Uma pequena contribuição da escritora Maxine Hong Kingston: "Aprendi a deixar a minha mente grande como o universo para abrir espaço para as contradições".

A Mente Pequena e a Mente Grande

Por meio da meditação, somos capazes de encontrar o centro de tranquilidade do nosso verdadeiro ser, sincronizando o Pai Tempo com a Mãe Terra. Os termos budistas *consciência, centralidade* e *atenção plena*, todos dizem respeito às qualidades da realização que foram desenvolvidas além do nível de puro instinto e do reino da reatividade, nos elevando ao nível da *vida consciente*. Podemos controlar e gerenciar tudo aquilo em que prestamos atenção, se aprendermos a assumir o controle sobre a vida de maneira inteligente e apropriada: com sensibilidade e harmonia totais.

A distração, como vimos no último capítulo, é a principal causadora do estresse e da sensação de estar sendo consumido por uma vida tempestuosa. Não é possível viver completamente no momento quando sua mente está dividida em todas as direções. Mas quando você concentra a sua atenção e se foca por completo no que está fazendo e sentindo, no presente imediato, momento a momento, os efeitos do que quer que você faça, queira fazer, reze ou almeje serão poderosos e duradouros. Existem técnicas práticas que você pode usar quando se sentir desgastado e precisar encontrar o foco.

Tente fazer algo que seja o *oposto* daquilo que você vem fazendo. Lembre-se que é bom dar uma chance para que os dois lados do cérebro se exercitem. Se você esteve ocupado usando o lado esquerdo do cérebro com pensamento analítico intenso enquanto estudava ou trabalhava, revitalize-se usando o lado direito. Escute música, aprecie a arte ou busque um bom amigo para falar das suas emoções. Se você é uma daquelas pessoas que passa a maior parte do dia em frente a um computador, faça alguns exercícios de alongamento para limpar os caminhos da mente e recuperar a energia. Da mesma forma que os especialistas nos dizem que o trabalho intenso no computador deve ser entremeado de pausas para olhar para longe ou caminhar um pouco, é importante estimular alternadamente ambos os lados do cérebro. Essa alternação ajuda a equilibrar e a harmonizar os dois hemisférios e as suas energias yin e yang e nos coloca em sincronia com o fluxo natural da energia e do tempo.

Não desconsidere a possibilidade de que você esteja se pressionando desnecessariamente. De vez em quando saio correndo para, digamos, levar uma carta ao correio antes que feche, apenas para perceber que um dia a mais ou a menos não fará muita diferença. Pergunte-se: alguma coisa vai mudar se eu deixar para fazer isso mais tarde, ou até mesmo amanhã? Se não, relaxe e trabalhe com um prazo realista. Se a resposta for sim, continue, mas faça algumas pausas para exercícios, meditação, respirar ou falar ao telefone, e não se preocupe, elas não o estão impedindo de terminar o trabalho: estão apenas possibilitando que você o termine.

Aplique as seguintes dicas para fazer as pazes com o tempo em outras situações:

1. QUANDO ACORDAR, NÃO PENSE SOBRE "O QUE PRECISO FAZER HOJE?" e não sinta o fardo todo de uma vez. Pare um instante, desperto e consciente. Respire fundo, revigorando-se. Só depois disso faça a primeira coisa que você precisa fazer para começar o dia.
2. OUÇA SUA VOZ INTERIOR. Se ela estiver gritando "Você precisa fazer isto agora!", tente simplesmente observar o pensamento, sem se deixar afetar por ele. Faça diversas pausas durante o dia sem pensar no que você deveria estar fazendo naquele momento. Sentir-se à vontade diante da nossa liberdade é uma arte: a arte de repousar na quietude do olho do furacão.
3. TODA VEZ QUE O TELEFONE TOCAR, DEIXE-O TOCAR MAIS UMA OU DUAS VEZES. Em vez de correr para atender, aproveite esse momento para renovar sua consciência do agora. Depois, atenda à ligação. O mestre zen Thich Nhat Hanh recomenda que usemos esse toque extra do telefone, ou aquele momento a mais depois que toca a campainha, como um pequeno lembrete para nossa atenção plena, avisando-nos para ir mais devagar, acalmar-nos, limpar a mente e aproveitar aquele momento para respirar, sorrir e relaxar.

PAUSA PARA REFLEXÃO

Respirando Fogo

Para se aliviar do estresse do tempo, aplique o ioga do Hálito de Fogo.
Respire fundo,
enchendo por completo a sua barriga...
então solte o ar com um grande suspiro de alívio.
Repita rapidamente essa respiração sete vezes,
ou até 21 vezes, harmonizando seu corpo, sua mente e sua energia.
Então deixe sua respiração voltar ao natural,
permitindo que as ondas de fôlego lavem o seu corpo; relaxe por completo
e apenas seja.

A atenção plena é o ingrediente principal da receita prática e universal de Buda para uma vida de consciência iluminada. A atenção plena concentra a mente, a apazigua e, por fim, realiza a natureza lúcida e espiritual e a claridade radiante da mente em si. Shantideva, o Mestre da Paz da Índia antiga, disse: "Se você amarrar o elefante selvagem da mente nos pensamentos positivos com a corda da atenção plena, todos os perigos desaparecerão e todas as virtudes estarão ao seu alcance".

Existem três métodos básicos de meditação para transformar a nossa experiência de vida limitada, com seu pequeno leque de referências, em uma vida sincronizada — abençoada com integridade, sabedoria, clareza, paz e alegria.

O Primeiro Método: Concentração

Nascemos com a capacidade de ter consciência do que acontece dentro e fora de nós. Mas tudo seria caótico e indiferenciado se não tivéssemos a capacidade inata de discriminar uma coisa da outra e discernir as diferenças sutis para tomarmos nossas decisões, aprender lições e ligar os pontos para assimilarmos os padrões e princípios naturais. Podemos concentrar a mente nos detalhes — comportamento típico do lado esquerdo do cérebro: linear e racional — e podemos também intuir de uma vez acontecimentos e perspectivas maiores, característica do lado direito do cérebro. Com a prática intencional, podemos refinar e estimular a nossa capacidade de discernir diferentes níveis de consciência, e despertar a mente ao mesmo tempo que abrimos o coração.

A prática da *meditação concentrada* serve a esse exato propósito: ao passo que treinamos a nossa consciência para se focar em uma só coisa, a capacidade de prestar atenção no geral se torna cada vez mais refinada, a nossa capacidade de concentração aumenta, e fica mais fácil ignorar as distrações e nos manter focados no que quer que seja o nosso objeto de interesse. Quando focamos a atenção numa só coisa, as reverberações dessa concentração aguda se ampliam, melhorando o nosso desempenho em tudo.

A simples prática de se concentrar na respiração nos ajuda a aperfeiçoar, focar e manter a atenção, da mesma forma que podemos concentrar a luz do Sol com uma lente para queimar um punhado de folhas. Imagine a sua concentração como a lente que aumenta e foca num único raio a luz da consciência. Pode ser que você não consiga pôr fogo nas folhas, mas estará estimulando e refinando os poderes e capacidades da sua mente.

O Segundo Método: Atenção Plena

A segunda chave para acessar o estado radiante da vida no agora é se responsabilizar por aquilo em que você presta atenção e se tornar mais intencional, atento, objetivo e observador. Crie interesse, mas não apego, pelos instantes da sua vida, suas experiências transitórias. Aprenda a observar tudo num estado de consciência vasto e aberto, como as nuvens de Taylor passando pelo céu claro e tranquilo — aproveitar as coisas como elas são, mas com limites e uma ampla perspectiva. A concentração leva a atenção a um foco perfeito, e a própria atenção plena o levará mais fundo na rede e na textura da realidade temporal.

É com a prática da meditação atenta que aumentamos a nossa capacidade de aprender o autocontrole e a disciplina mental, transformar nossa atitude e nos tornarmos mais compreensivos, sábios, intencionais e conscientes. Posso dizer o seguinte: depois de quarenta anos de meditação diária, sou mais como o avô caloroso e cuidadoso do que o pai superprotetor que vigia, nervoso, as brincadeiras das crianças.

O Terceiro Método: Introspecção

Quando aumentamos a nossa capacidade de nos concentrar e prestar atenção, *insights* intuitivos vêm aos montes. Esse é o terceiro método: perceber a verdade de quem realmente somos e de onde estamos, mediante o refinamento do nosso campo de consciência. Os benefícios desse *insight* ficam ainda maiores com a prática da visão profunda e da meditação de autoinvestigação. Nessa prática, a pessoa entra em meditação, contempla os seus arredores e reflete sobre a mente que está meditando. Tal método se torna mais profundo com práticas de ampliação, como a arte da *presença*, um nível de consciência do agora ainda mais ativo e imediato, o qual veremos no Capítulo 5.

O autoconhecimento dá poder e é uma chave para entrarmos em sincronia. Por isso Sócrates incentivava seus discípulos e o povo de Atenas a conhecerem a si mesmos. Quanto mais sabemos e aprendemos sobre nós mesmos, menos nos apegamos e menos tememos a ideia de que os nossos dias estão contados. Como nos lembra Oliver Wendell Holmes: "Uma mente que cresce com novas experiências nunca mais volta às suas antigas dimensões".

A Arte da Sincronia

A palavra *sincronia* significa literalmente "juntos no tempo". A prática da meditação é uma linda maneira de fazer o lado esquerdo (governado pelo Pai Tempo) e o lado direito do cérebro (regido pela Mãe Terra) entrarem numa sincronia perfeita de Fazer e Ser. A meditação concentrada se foca no pensamento linear, no lado esquerdo do cérebro. A meditação de atenção plena foca a mente de forma ainda mais forte, intensificando a carga eletromagnética natural do hemisfério esquerdo enquanto integra a atividade intuitiva e holística do lado direito. Se for praticada regularmente, a meditação de atenção plena traz dons extraordinários de compreensão e autorrealização. A meditação de introspecção ativa o lado direito associativo do cérebro, e a concentração intensa pode fazer com que todas as restrições se transformem espontaneamente, numa expansão repentina. Ocorre uma explosão de *insights* cíclicos e espirais e uma quantidade desproporcional de energia flui para o hemisfério direito, trazendo um conhecimento incrível e descobertas intuitivas. Estamos em sincronia — uma síntese dos pensamentos linear e cíclico, um equilíbrio entre a contração e a expansão, entre a lógica e a intuição, a harmonia perfeita entre o yin e o yang. Tornamo-nos iluminados.

Podemos dizer, para simplificar, que o hemisfério esquerdo do cérebro é a mente da cabeça e o hemisfério direito é a mente do coração. Cada um tem a sua própria lógica. Digamos que queiramos estudar a forma com que o universo e o sistema solar funcionam. O método do lado esquerdo é listar todos os objetos celestiais, definir cada um deles e então analisar, quantificar e teorizar sobre a sua formação. O método do lado direito é dar uma olhada nos mapas dos céus, fazer um pôster, um móbile ou um diorama ou simplesmente ir para fora durante a noite e, como disse Walt Whitman, olhar "em perfeito silêncio para as estrelas". O progresso gradual vem da prática linear, regular e repetitiva de qualquer habilidade, entre elas o treinamento da atenção e da consciência. O *insight* vem normalmente de uma vez, reproduzindo o estilo de aprendizado intuitivo e unificado do lado direito do cérebro. Ambos são necessários.

A prática regular da meditação aumenta as nossas epifanias e revelações espirituais. Com esforço e disciplina, podemos ter a consciência e a realização. Quando concentramos a mente em um só ponto, não a estreitamos, mas, ao contrário, a alargamos o máximo possível. É extraordinário que pela simplicidade acabemos no infinito. Isso tudo é a alegria e a sabedoria que a meditação pode proporcionar. Como o grande educador espiritual J. Krishnamurti observou: "A meditação é o fim do pensamento. Só então ocorre uma dimensão diferente, além do tempo".

Ajustando os Ritmos Circadianos

Os relógios de sol, ampulhetas, relógios de pulso, despertadores e outras ferramentas mecânicas para medição do tempo são todos invenções relativamente recentes, mas os seres humanos têm relógios biológicos que datam dos estágios evolutivos mais antigos da nossa espécie. De fato, todos os seres sencientes, incluindo as plantas, os animais, os pássaros, os répteis e as bactérias, são governados por um ciclo de mais ou menos 24 horas, chamado ritmo circadiano.

Os ritmos circadianos regulam a pressão sanguínea, a temperatura corporal, o despertar, o sono e outros processos metabólicos. O principal relógio biológico está localizado no hipotálamo, uma pequena glândula endócrina num grupo de células chamado de núcleo supraquiasmático (NSQ). Existem também ritmos circadianos independentes em vários órgãos e células, como o fígado, os pulmões, o pâncreas, o baço, a pele e o timo. Como as abelhas e os pássaros migratórios, as borboletas-monarcas têm um relógio interno em suas antenas que usa uma espécie de bússola solar, permitindo que elas corrijam a direção do seu voo de acordo com o movimento do Sol enquanto migram da Costa Leste e do Centro-Oeste dos Estados Unidos para o México durante o outono. A bússola embutida compensa as mudanças de luz pelas quais elas passam enquanto viajam por diversos fusos horários.

O relógio central do NSQ normalmente segue ciclos que duram entre 23,5 horas e 24,65 horas, ou seja, mais ou menos o período de um dia. Estudos científicos feitos com monges tibetanos e voluntários ocidentais vivendo em cavernas escuras por meses a fio mostram que os ritmos circadianos do corpo são independentes da luz, da escuridão, da temperatura, da comida, da água e de outros estímulos externos. Têm relação com as energias internas que espelham os fenômenos externos, como o nascer do Sol e da Lua. Contudo, pela exposição à luz do Sol, a cada dia o relógio do NSQ é reajustado de acordo com o ciclo de 24 horas. Segundo os cientistas, a retina tem receptores que registram a duração do dia e da noite e transmitem essa informação à glândula pineal, um órgão endócrino que libera o hormônio melatonina. A secreção de melatonina alcança seu pico durante a noite e se reduz durante o dia.

As viagens de avião desregulam os níveis naturais de melatonina quando passamos por vários fusos horários. O resultado final de receber mais ou menos luz é o que conhecemos por fadiga de viagem ou *jet lag*. Pode ser que você conheça alguém que toma suplementos de melatonina, ou até os tenha tomado você mesmo quando viajou de avião. É interessante que as pessoas mais ligadas ao lado esquerdo do cérebro acham mais fácil viajar do leste para o oeste, acompanhando a energia da Terra, enquanto as pessoas mais ligadas ao lado direito do cérebro são o oposto: se sentem mais relaxadas indo de oeste para leste, contra a energia do Sol e da atmosfera.

Normalmente, os ritmos circadianos são sincronizados com o Ritmo Natural. A mais baixa temperatura corporal é registrada lá pelas 4h30, hora em que a maior parte dos seres humanos está em sono profundo. Quando acordamos, passamos pela maior mudança ascendente na pressão sanguínea; a secreção de melatonina para quando o Sol nasce e é nessa hora que os movimentos intestinais são mais comuns. Já pelo meio da manhã, com o avanço desse estágio, alcançamos o maior nível de testosterona e o nosso corpo fica mais ativo em casa, na escola ou no trabalho. No fim da manhã e no meio do dia, ficamos mais alertas e coordenados. Então temos uma sonolência natural depois do almoço, a sesta tradicional. Mais para o fim da tarde, renovados e reenergizados, a atividade aumenta. Nossos reflexos ficam mais rápidos, a força muscular e a eficiência cardiovascular chegam ao máximo e a pressão sanguínea e a temperatura corporal atingem seu clímax. Por fim, já de noite, os movimentos intestinais param, começa a secreção de melatonina e às duas da madrugada vem o sono mais profundo.

De acordo com a filosofia e a medicina tradicionais do Extremo Oriente, esse ciclo natural diário também segue o Chi, o fluxo de energia nos meridianos, a energia eletromagnética natural no corpo. A tabela a seguir mostra as horas em que as vias energéticas são ativadas:

RELÓGIO MERIDIANO

3-5: Pulmões	5-7: Intestino grosso
9-11: Baço	7-9: Estômago
11-13: Coração	13-15: Intestino delgado
17-19: Rins	15-17: Bexiga
19-21: Pericárdio/vaso	21-23: Triplo-aquecedor (os três chakras
governador	ou centros de energia centrais)
1-3: Fígado	23-1: Vesícula biliar

Conhecer esses ciclos nos ajuda a nos harmonizar com os nossos ritmos internos. Por exemplo, os exercícios de respiração são mais eficientes entre as três e as cinco da manhã, quando a energia nos pulmões está no auge. Talvez seja muito cedo, mas muitos iogues tradicionalmente fazem o *pranayama* e outros exercícios de respiração nesse período. O período das 11 às 13 horas, quando o meridiano do coração e as suas estruturas relacionadas, entre elas o próprio coração, o sistema circulatório e o chakra do coração estão mais ativos, representa o momento ideal para se comunicar com os outros — em reuniões, durante o almoço ou pelo telefone. Das 13 às 15 horas, quando o intestino delgado está mais ativo, digerindo e absorvendo a comida do almoço — a principal refeição do dia, idealmente — é a hora de descansar e estudar e de praticar outras atividades tranquilas e reflexivas. Acostumei-me a perceber que meus ouvintes ficam sonolentos durante as aulas que dou nesse horário, logo depois do almoço. Aprendi a não levar isso para o lado pessoal; eu mesmo, de vez em quando, tenho dificuldade para ficar acordado. Quer sejam aulas, reuniões ou atividades atléticas, é melhor marcar esses eventos para o começo ou para o fim do dia.

O período das 15 às 19 horas, quando o rim e a bexiga estão mais ativos, é aquele em que estamos mais aptos para as maiores conquistas. Esses meridianos (que correspondem a todo o sistema reprodutor) tradicionalmente governam a vontade e a regeneração. A maior parte dos recordes do esporte, por exemplo, são batidos durante esse período do dia, quando os atletas estão na sua melhor forma e demonstram a maior determinação para ganhar.

Além da fadiga de viagem, existem outros males relacionados com distúrbios nos ritmos circadianos. São eles, entre outros, o distúrbio afetivo sazonal (DAS), que provoca depressão durante os meses mais escuros e mais frios do inverno; a síndrome da fase atrasada do sono (DSPS — Delayed Sleep-Phase Syndrome); e a enxaqueca da primavera (que coincide com o prazo final de entrega da declaração do imposto de renda nos Estados Unidos).

Uma nova ciência chamada *cronoterapia* coordena os ritmos biológicos com o bem-estar, a cura e os tratamentos médicos. Por exemplo, nem todo leite materno é igual. Sua composição muda de acordo com a hora. O leite da manhã tem nutrientes que mantêm o bebê acordado; o leite da noite, outros que fazem o bebê ficar sonolento. Dar leite extraído à noite para o bebê durante a manhã pode deixá-lo com sono e desregular o ciclo natural de acordar e dormir. A exposição à luz durante a noite está ligada a um maior risco de desenvolver câncer de mama. As pessoas que sofrem de osteoartrite tendem a sentir mais dor no começo da noite do que no fim da noite, enquanto os que sofrem de artrite reumática sentem justamente o contrário. Para melhores resultados, os planos de tratamento podem levar isso em conta. De modo similar, comer à noite é contrário ao ciclo natural de descanso da bexiga e do rim e pode resultar em sobrepeso ou obesidade, pois a metabolização do alimento diminui nesse horário. Essas descobertas ajudam a explicar por que os trabalhadores noturnos têm mais problemas de peso do que os diurnos. Eles vão contra os ritmos naturais do corpo. É claro que esse entendimento não é novo. Curandeiros e herbalistas sabem há milênios que colher determinada flor, erva ou raiz durante a manhã, à tarde ou sob a Lua cheia afeta sutilmente o sabor, o aroma, a energia e a potência da planta.

Um outro ciclo que vem chamando muita atenção atualmente é o do *ritmo ultradiano*, um ritmo natural de uma hora e meia que se repete durante o dia. Ernest Lawrence Rossi, um cientista pioneiro nos estudos nessa área, diz que todos nós temos que fazer uma pausa de mais ou menos vinte minutos a cada uma hora e meia, quer estejamos trabalhando, estudando ou praticando alguma atividade de lazer. Com isso, poderemos manter o máximo da saúde, do foco e da satisfação.

Durante a fase de descanso do ciclo, a atividade passa do lado esquerdo para o lado direito do cérebro. Nessa pausa, ficamos mais criativos e espontâneos. Muita gente faz pausas regulares para o café ou um lanche, para cochilar ou caminhar, para uma sessão de ioga ou alongamento ou para fazer palavras cruzadas e passatempos. Depois, sentem-se descansadas e renovadas, prontas para voltar à atividade mais focada e lógica do lado esquerdo do cérebro.

Se não fizermos pausas suficientes durante o dia, o estresse e a tensão se acumulam e passamos pelo que Rossi chama de Síndrome Ultradiana de Estresse. A síndrome causa fadiga, dores e perda de memória e atenção, podendo provocar acidentes e doenças. Não se esqueça disso quando estiver na sua escrivaninha ou trabalhando no laptop por horas a fio!

Pausas frequentes melhoram a criatividade e o desempenho. De Leonardo da Vinci a Thomas Edison, os grandes artistas, cientistas e inventores descobriram que, depois de um esforço concentrado para resolver um determinado problema e muitas frustrações, uma pausa pode gerar um *insight* criativo. Ideias novas surgem do nada. Durante a soneca, sonhos podem nos mostrar a direção certa e nos dar um momento de revelação. As pequenas pausas também diminuem o risco de falha humana, restringem as tendências compulsivas que são parecidas com o comportamento de dependência e nos ajudam a nos relacionar com nossos amigos, colegas e familiares.

Na natureza existem padrões infindáveis de tempo e energia, espirais dentro de espirais. Em sua maior parte, os ciclos meridianos tradicionais, os ritmos circadianos e ultradianos e os estudos modernos da cronoterapia complementam e apoiam uns aos outros. A cura e a medicina do futuro serão cada vez mais baseadas nos ciclos harmônicos do tempo e na consciência do nosso relógio interno.

Abraçando a Luz e a Escuridão

Por causa das mudanças constantes no clima e no meio ambiente, na luz e na escuridão, na nossa dieta, nos efeitos culturais e sociais e em outros fatores, o nosso relógio biológico também sofre constantes alterações e os nossos ritmos circadianos ficam desregulados. Felizmente, existem vários exercícios e técnicas que nos ajudam a reconfigurar o relógio biológico e a nos sincronizar com os ritmos circadianos. Via de regra, eles usam a luz, o som (o canto dos pássaros, por exemplo) e outras energias e vibrações naturais.

Para acordar cedo com o Sol, por exemplo, você pode posicionar a sua cama de modo que ele a ilumine de forma um pouco diferente de acordo com as estações do ano. Pode até dormir em lugares diferentes da sua casa ou apartamento. Isso quebra os padrões habituais e coloca você em contato com as tradições nômades, da época em que nossos ancestrais migravam de um hábitat para outro durante o ano.

Para despertar sem o auxílio de um despertador, simplesmente programe-se antes de ir para a cama. Diga para si mesmo: "São onze da noite [ou seja qual for a hora em que você vá dormir] e está tudo bem. Agora vou desfrutar de um sono profundo, relaxante e revitalizante e vou despertar às 7h15 da manhã [ou seja qual for a hora em que você queira acordar]". Faça isso por alguns dias e em pouco tempo você vai estar funcionando como, bem, como um relógio.

Se você for realmente ambicioso, acorde antes do nascer do Sol como faz Peter, meu vizinho advogado. Receber os primeiros raios de Sol do início da manhã é uma prática meditativa consagrada pelo tempo. Vire-se para o leste, sinta a escuridão e a quietude e inspire profundamente, fazendo o exercício "Respire, Sorria, Relaxe" do Capítulo 1 deste livro. Sinta a alvorada e absorva a energia do Sol nascente. O Japão é chamado de Terra do Sol Nascente por uma boa razão. Ele fica voltado para o leste, na direção do Oceano Pacífico, cuja vasta amplitude e profundidade aumentam essa energia. O xintoísmo, o zen e outras tradições japonesas todas recomendam rituais solares no início da manhã e ensinam que seus praticantes, como aquele fulano que "cedo madruga" do provérbio, desfrutam de uma vantagem, uma iniciativa ou uma margem energética a mais durante o dia.

Para aqueles que gostam de refletir sobre os mistérios mais profundos da vida, a noite alta é tradicionalmente considerada o melhor momento para meditar sobre a natureza do universo, os mistérios da vida e da morte e os paradoxos da iluminação. Por volta das duas da manhã, a energia atmosférica do dia inteiro muda de yang para yin, e consequentemente há uma repentina expansão de consciência durante as próximas duas horas. É o oposto complementar das arrastadas duas horas da tarde, quando a energia muda de yin em ascensão para yang em declínio.

Há uma baixa repentina ou diminuição da consciência e todos na sala de conferências parecem adormecer.

À noite, como Ray Charles cantava, é a hora certa — para muitas coisas, sagradas e profanas. De dormir a fazer sexo, de sonhar a meditar, a noite é a rainha. Muitas grandes descobertas e invenções aconteceram durante as primeiras horas da madrugada, quer seus realizadores estivessem acordados ou dormindo. A descoberta revolucionária de Friedrich August Kekulé von Stradonitz sobre a molécula de benzeno aconteceu quando ele sonhou com uma serpente mordendo o próprio rabo. Elias Howe visualizou a máquina de costura em um sonho, e o beatle Paul McCartney ouviu a melodia de "Yesterday" no mundo onírico. Thomas Edison — inventor da lâmpada elétrica, do fonógrafo e dos filmes — era uma coruja. Tipicamente, trabalhava durante a noite de Nova Jérsei e cochilava como um gato durante o dia.

Em contraste com o horário solar, a maior parte das sociedades tradicionais baseava seus calendários na Lua. Cada mês — palavra que vêm do latim *mens*, cuja raiz indo-europeia tinha tanto o significado de mês como de Lua, ou seja, um período que dura entre 28 e 29 dias — era geralmente dividido em quatro partes, correspondentes às fases da Lua. A Lua nova marcava o começo de um ciclo de energia de quatro semanas e a Lua cheia, o seu pico. A primeira fase do ciclo da Lua era ideal para plantar sementes, lançar as fundações de uma habitação e começar uma viagem. Era época de espontaneidade e aventura. A segunda fase do ciclo da Lua era um período de aumento de atividade, de enfrentar desafios e de avançar em direção aos objetivos. A Lua cheia era o período de pico de atividade, de celebração, banquetes, aclamações públicas e iluminação espiritual. A terceira fase era o período da colheita, de terminar as coisas e de exterminar antigos pensamentos e hábitos improdutivos. A quarta fase, a mais calma de todas, era um período de prece, de meditação, de jejum e de planejar o futuro.

Na mitologia do mundo, a Deusa Lunar ou Rainha da Noite tem muitos nomes e aparece sob muitas formas. O cultivo da escuridão fértil do desconhecido e do misterioso é uma arte, assim como abrirmo-nos para a luz, e ambas podem ser muito produtivas. Na realidade, as sombras não são outra coisa senão luz. Para uma vida equilibrada e completa, precisamos envolver e integrar a luz e a escuridão em nosso biorritmo. Precisamos integrar o conhecimento e a ignorância e tudo o mais que há entre eles. E precisamos reconhecer, respeitar ou aproveitar naturalmente nossas diferenças individuais de energia durante o dia.

O Desempenho Ideal

Poucos dentre nós são verdadeiros notívagos e menos ainda têm seu pico de energia no alvorecer. Somos, até mesmo os que mais amam a noite, criaturas diurnas. Ao contrário dos nossos gatos de estimação, não temos olhos que nos permitem enxergar no escuro. Lembre-se de que os trabalhadores do turno da noite ganham peso rapidamente. Eles podem estar despertos e ativos, mas seus ritmos circadianos não se enganam e seguem as instruções de desacelerar o corpo à noite.

Entretanto, como os beija-flores, todos temos diferentes momentos que nos são melhores para comer, fazer exercícios, trabalhar, fazer amor, meditar, escrever um diário e fazer quase tudo o que executamos de dia. Nem sempre podemos nos ajustar a esses padrões (ou, do contrário, os adolescentes só teriam que entrar na escola depois do meio-dia, pelo menos!) e eles mudam durante os diferentes períodos da nossa vida, mas nos sentimos melhor quando entendemos e honramos nossos ritmos naturais. Afinal, eles governam tudo — desde quando estamos de bom humor até quando temos a temperatura e o ritmo cardíaco mais altos ou mais baixos do dia, quando nos sentimos mais produtivos, quando tiramos a soneca mais revigorante.

Existem algumas técnicas simples que você pode praticar para ensinar seu beija-flor a voar de modo um pouco diferente. Por exemplo, várias pessoas mais velhas acabam caindo no sono no começo da noite e então despertam totalmente no meio da noite, prontas para começar seu dia. Se esse é o seu caso, passe algum tempo fora de casa à tarde ou à noitinha, o que pode reiniciar seu relógio interno. No começo da noite, em vez de assistir à televisão ou ler, faça alongamento, dê uma volta ou encontre os amigos. Essas atividades vão lhe ajudar a se manter alerta, de modo que você não entre em sono pesado às 8h30 da noite. Cortinas que bloqueiam a luz também podem ajudar. Elas comunicam ao seu cérebro que é noite e impedem o Sol nascente de comunicar prematuramente o início de seu dia.

Para aqueles que acham difícil acordar de manhã, faça o oposto: durma com as cortinas abertas, de modo que a luz do dia lhe desperte naturalmente — é muito melhor do que acordar com um despertador escandaloso que faz seu coração disparar. (Mas é mais seguro usar um despertador como medida de segurança!) Se der um passeio logo depois de acordar, ou pelo menos se sentar próximo a uma janela ensolarada por alguns minutos, vai se sentir mais alerta durante toda a manhã. A técnica mais difícil para as pessoas que acordam tarde naturalmente é despertar nos fins de semana na mesma hora que acordam durante a semana, mas isso aprofunda no corpo a sensação de que esse ciclo é natural. O tempo antes de ir para a cama pode ser dedicado a ler, rezar, meditar ou ouvir música, não a atividades estimulantes como assistir às séries policiais da TV. Acrescente um pequeno petisco saudável ou um copo de suco de maçã para salientar a rotina, e seu corpo vai começar a reconhecer os sinais de que é hora de ir para a cama.

Alinhe seus Chakras

Desde antes da época do Buda, os iogues da Índia antiga ensinavam que o organismo humano tem sete centros maiores de energia ou chakras (que em sânscrito significa "roda" ou "conexão"). Eles se alinham verticalmente ao longo da coluna vertebral, desde o chakra da coroa, no topo da cabeça, até o chakra da raiz, na base da coluna, e se dispõem mais ou menos como um totem interno. Os outros cinco são o terceiro olho (perto da glândula pineal no cérebro); o chakra da garganta; o chakra do coração ou do plexo solar (perto do esterno); o chakra do umbigo, ou *hara* (o centro intestinal mais profundo abaixo do umbigo); e o chakra genital.

Os chakras são espirais (eis a espiral em ação novamente) ou vórtices de Chi, uma sutil energia vital natural. São os sete relógios energéticos ou engrenagens do corpo que controlam nossos ritmos e ciclos internos. De suas revoluções internas nascem os meridianos, ou correntes e caminhos do Chi que espiralam pelo corpo — os órgãos, tecidos e células. O Chi fluindo através do nosso corpo rege nossas atividades físicas, mentais, emocionais e espirituais. É nutrido e afetado por nosso ambiente externo, pela comida que ingerimos e por nossos pensamentos, intenções e emoções. Por essa razão, a respiração consciente, as artes marciais, os esportes, a meditação, a oração, a visualização, a dança, o canto, ouvir músicas e outras artes contemplativas podem ter um efeito profundo em nosso bem-estar em todos os níveis.

Assim como o próprio tempo, a energia que se move através dos chakras pode fluir suavemente, acelerar, desacelerar ou ser obstruída. Tradicionalmente, a saúde era definida como um fluxo de Chi equilibrado. (No Japão, a palavra "saúde", *genki*, significa "boa" [*gen*] "energia" [*Ki* ou *Chi*].) A saúde é equilíbrio e harmonia, o estado natural do ser humano; a doença implica desequilíbrio e desarmonia e é uma aberração a ser corrigida.

A energia Chi ou Ki, usada na acupuntura e em outras artes de cura similares, não é reconhecida rotineiramente pela ciência ocidental, mas pode ser demonstrada facilmente. Segure um pêndulo (ou um cristal pequeno, ou mesmo um cortador de unhas de metal), com um fio de aproximadamente quinze centímetros de comprimento atado na ponta, alguns centímetros de distância acima da cabeça de alguém (idealmente, sobre o redemoinho dos cabelos). Segure o fio pela extremidade de cima com uma das mãos, e com a outra mão faça com que o pêndulo fique parado. Então tire a mão de baixo e observe o que acontece.

O pêndulo começará a vibrar levemente e então, aos poucos, passará a girar. Em um homem, comumente vai girar no sentido anti-horário. Em uma mulher, vai girar no sentido horário. Isso reflete a polaridade dos sexos. O homem é ligeiramente mais yang do que a mulher e proporcionalmente mais regido pela força que desce do céu, que se interioriza, a força centrípeta. A mulher é ligeiramente mais yin e é formada e influenciada pela força que sobe da terra, que exterioriza, a força centrífuga. Isso ajuda a explicar muitas coisas, como por que em geral as mulheres tendem a falar, a comprar e a se emocionar mais do que os homens (todas atividades do lado direito do cérebro, associativas, que se voltam para o alto e para fora), enquanto os homens tendem a usar menos palavras, a se concentrar no que precisam em vez de comprar aleatoriamente e a conter suas emoções (todas atividades do lado esquerdo do cérebro, focadas e que se voltam para baixo e para dentro).

Se você tiver duas pessoas de sexos opostos para realizar esse experimento, peça-lhes que fiquem em pé, próximas uma da outra. Primeiro demonstre como o Chi espirala de modo diferente quando você segura o pêndulo sobre a cabeça de cada uma delas. Então peça que elas se deem as mãos e repita o teste. Surpresa! O pêndulo para de girar. Por quê? Por que agora há equilíbrio: Yin e Yang estão em harmonia. Parabéns, você parou o tempo. Demonstrou a sabedoria mais simples e antiga sobre a energia e a matéria, sobre a mente e o corpo.

Com essa ferramenta simples, essa bússola de baixa tecnologia, você pode descobrir muitas coisas maravilhosas. Tente segurar o pêndulo sobre os outros chakras ou sobre animais e plantas. Tente novamente sobre a cabeça de uma pessoa, enquanto ela visualiza um por um todo o espectro das emoções humanas — da ganância, da raiva e da fúria violenta até o amor, a compaixão e a paz — e observe como o pêndulo muda. Com a prática, você poderá descobrir de quais chakras certos pensamentos e sentimentos emanam e até mesmo onde sua energia (e, portanto, sua atenção) está presa. O que você vê como amor pode não estar vindo do coração de modo algum. O que você vê como intelecto e razão pode não vibrar na cabeça, mas sim no plexo solar. Essa é a fascinante conexão entre o corpo e a mente.

Os chakras são um relógio de sete pedras preciosas que mantêm você em equilíbrio e regula seu tempo. Eles proporcionam alta precisão, excelente estabilidade nas diversas temperaturas e a capacidade de funcionar em qualquer ambiente: não necessitam de muita manutenção a não ser ar puro, alimentação saudável, atividade e descanso adequados, e pensamentos e sentimentos positivos e enriquecedores. São conhecidos por sua precisão e regularidade. Liberte as sutis energias internas deles, desfaça os nós de sua psique e remova os bloqueios de seus canais.

Para alinhar os chakras e harmonizar suas sutis energias internas, simplesmente fique em pé, reto, naturalmente e à vontade como uma árvore. Respire regularmente, deixando que a suave maré de ar suba e desça, vá e volte, nasça e desapareça; o espaço da sua própria consciência também vai se assentar e encontrar seu estado natural e relaxado. Deixe a claridade da mente natural surgir de dentro enquanto os flocos de neve de pensamentos, sentimentos e conceitos se assentam. Deixe cada coisa em seu lugar, onde quer que seja, como quer que esteja. Respire com seu *hara*, o chakra do umbigo.

A respiração alternada — por uma narina e depois pela outra — é outro caminho poderoso para atingir um relaxamento profundo e para ajudar a limpar os *nadis*, os canais de energia sutil do corpo. Eles estão ligados aos nossos ritmos ultradianos. Quando respiramos através da narina esquerda, sentimos um efeito calmante; através da direita, um efeito energizante. Revistas médicas modernas publicaram muitos estudos sobre os efeitos benéficos da respiração por narinas alternadas, mostrando que ela aumenta o desempenho cognitivo, alivia dores de cabeça e ansiedade, relaxa o corpo e a mente e equilibra os hemisférios do cérebro. A atenção plena necessária para se praticar a respiração alternada também tem seus benefícios.

As consequências de não fazermos as pazes com o tempo podem tomar a forma de inquietação, problemas para dormir, ansiedade e outros males. Foi demonstrado que fazer o seguinte exercício de respiração de narinas alternadas por pelo menos doze minutos, duas a três vezes por dia, durante um a dois meses, tem um profundo efeito no sistema nervoso central. Essa técnica simples e eficaz ajuda a relaxar o corpo fora de sincronia e a acalmar a mente acelerada. É um ajuste que limpa a mente, abre o coração e desbloqueia a energia.

MOMENTOS DE ATENÇÃO PLENA

Respiração por Narinas Alternadas

Sente-se, relaxe e tome consciência da respiração. Deixe-se assentar e se concentre no meio do seu corpo. Agora inspire profundamente através das duas narinas, enchendo o abdômen, sentindo o ar; e suavemente, devagar, com atenção plena, levante a mão esquerda e feche a narina esquerda com o dedo indicador esquerdo. Expire vigorosa e completamente com a narina direita, esvaziando totalmente o lado direito de seu corpo – o *nadi* solar ou masculino.

Então inspire de maneira profunda, sinta o ar novamente em seu abdômen, e conscientemente espelhe o processo, dessa vez com o dedo indicador direito fechando a narina direita e esvaziando o lado esquerdo, expirando vigorosamente pela narina esquerda – o *nadi* lunar ou feminino.

Em seguida, inspire profundamente e expire de forma vigorosa através das duas narinas e também através da ponta dos dedos das mãos, dos pés e de cada poro do seu corpo, libertando-se completamente com uma enorme exclamação de alívio e alegria. Repita todo o processo três ou sete vezes, para um efeito completo.

Escute seu Coração Mais Íntimo

Presenciei milagres em meus vinte anos no Himalaia e na Índia. Sem dúvida, o maior milagre é o amor incondicional. Existe uma maneira melhor de entrarmos em sincronia com os outros? Uma prática espiritual constante pode nos ajudar a dar e receber amor incondicional, e nesse processo estaremos nos desenvolvendo mental, física, emocional e psiquicamente. A meditação nos ajuda a ser ouvintes melhores e a demonstrar mais paciência, clemência, empatia e perdão. Isso aumenta muito nossa inteligência e sensibilidade emocional e espiritual, melhorando todas as formas de comunicação e de relacionamentos. Entrar em sincronia com os outros faz com que as interações fluam mais suavemente, facilitando nossa relação com o tempo por encontrarmos menos resistência e conflito.

Para descobrir nosso ritmo interno e abrir nosso coração, nosso relógio mais precioso, precisamos estar dispostos a fazer amizade com nós mesmos e a cultivar uma atitude de mais aceitação. Para praticar a compaixão ou a meditação da bondade (prática conhecida como *metta* na tradição de sabedoria do budismo), comece por gerar pensamentos generosos e positivos, sem tentar mudar ou melhorar nada. Faça amizade consigo mesmo primeiro e desenvolva uma forma benevolente de amor-próprio, de aceitação e de alegria. Então comece a espalhar esses sentimentos quentes de bondade para os outros, em espirais infinitas de graça. Essa disseminação da satisfação reduz muito o dano causado pelos conflitos internos e pelo estresse que se abatem sobre a mente e o corpo.

Esse tipo de treinamento mental ou transformação de atitude pode nos ajudar a aprender uma grande lição com nossas dificuldades, em vez de somente tentar passar por cima delas, sobreviver e seguir em frente. Podemos transformar nossos obstáculos em degraus no caminho do crescimento da consciência e do desenvolvimento interior. Onde estaríamos sem nossas feridas? De onde viria nosso poder de compaixão, de empatia e de compreensão? No decorrer do tempo, todos nós vivenciamos o karma, as consequências de nossas ações; mas até mesmo o mau karma pode nos tornar mais sensíveis às situações alheias e a contribuir para o bem-estar das outras pessoas. No mínimo, pode ajudar a termos empatia pelas dores e sofrimentos dos outros, fortalecendo nosso altruísmo e nossa humildade.

Descobri pessoalmente que a mais dolorosa das experiências da vida geralmente leva ao maior crescimento, se for vista com sabedoria compreensiva e com um espírito aberto e compassivo. Um das *paramitas* (virtudes ou qualidades ideais) budistas de que mais gosto é a Indulgência Paciente, também conhecida como Aceitação Corajosa. Ela me ajuda a ser amigo de todos os aspectos do meu ser e das várias facetas da vida, tanto as agradáveis quanto as dolorosas, as desejáveis e as indesejáveis. O cultivo dessa força interior dentro do meu coração e da minha mente traz paz, equilíbrio e harmonia indescritíveis para minha vida e para todos os meus relacionamentos e me proporciona um centro de calma interna. O Buda ensinou que a Indulgência Paciente é o antídoto contra a raiva e a violência e que ninguém pode nos deixar com raiva se não tivermos as sementes da raiva em nosso próprio coração. Michelangelo disse que "a genialidade é a eterna paciência". A paciência é a virtude verdadeira a ser cultivada para fazer as pazes com o tempo e com a mudança.

As outras cinco *paramitas* a ser praticadas e desenvolvidas são a Generosidade Abundante, a Autodisciplina Moral, a Atenção Concentrada, a Sabedoria Perspicaz e o Entusiasmo Alegre. Essas virtudes são como uma bússola confiável em nosso mundo caótico e podem nos ajudar a percorrer todos os picos e vales da vida. Elas nos ajudam a lidar habilmente com todos os tipos de decepções, tristezas e sofrimentos, assim como a nos deleitarmos com as alegrias abundantes da vida. É o modo como nos relacionamos com essas experiências que faz toda a diferença. A sabedoria atemporal nos diz que não é o que acontece conosco, mas o modo como reagimos que determina nosso caráter e nosso destino.

Este capítulo nos ajudou a entrar em contato com nossos próprios ritmos internos e a nos reconectar com os relógios biológicos e espirituais cuidadosamente regulados dentro de nós. Quanto mais você compreender esses ritmos e ciclos e se conectar com eles, mais profundamente poderá entrar no momento presente e vivenciar essa riqueza, essa sutileza e essa promessa.

No próximo capítulo, você verá que o tempo está na mente. Coincidências e aparentes capacidades paranormais são manifestações de nossos preciosos poderes de percepção. O envelhecimento é um estado da mente que as práticas meditativas podem ajudar a desacelerar. Enquanto o tempo desacelera e sua consciência se expande, você se espantará com os dons que virão com sua percepção intensificada.

Capítulo 4

COMO ENTENDER
NOSSOS PODERES DE PERCEPÇÃO

O que está embaixo é como o que está em cima,
e o que está em cima é como o que está embaixo,
para cumprir o milagre da unidade.

— *A Tábua de Esmeralda* de Hermes Trismegisto

Cynthia — escritora profissional, minha aluna de longa data e amiga querida — estava preocupada com o prazo de entrega de um livro. Estava chegando à reta final, trabalhando freneticamente na conclusão do manuscrito, que devia estar na mesa do editor até o fim do dia. Sentindo-se bloqueada por seus critérios elevados e sufocada pela intensa consciência da falta de tempo, ela me contou que estava diante do computador, digitando furiosamente com um olho no relógio, quando de repente ouviu uma batida na porta.

Para sua surpresa, eram Justine e Elyse, as mulheres que limpam sua casa às quintas-feiras. Uma vez que era terça-feira, Cynthia ficou confusa. Será que ela havia ficado tão concentrada no trabalho que havia perdido a noção dos dias e também seu prazo de entrega?

Com um sorriso amarelo, ela falou, meio brincando, "Hoje não é quinta-feira, é?"

"Ah, não", disse Justine. "Estávamos na vizinhança e queríamos entregar uma coisa para você." Ela deu a Cynthia uma pequena sacola de compras, com um cartão.

Quando Cynthia abriu o envelope, viu que o cartão estava com a data de 21 de setembro — a importante data que havia ficado impressa em seu cérebro, assombrando-a por muitos meses.

Cynthia as encarou, impressionada. "Como vocês sabiam que essa data era importante para mim?"

Justine se agitou momentaneamente. "Não sabíamos. É seu aniversário?"

"Não, só um prazo de entrega importante. Talvez vocês tenham notado que tenho estado meio agitada no último mês."

"Bem, percebemos que você estava um pouco mais estressada do que o normal ultimamente", respondeu Justine. Ela e Elyse se entreolharam. "Mas não sabíamos sobre o prazo. Parece que veio bem a calhar."

Todas as três sorriram por causa da coincidência.

Cynthia olhou para o cartão novamente. Lia-se: "Cynthia, às vezes nos sentimos sozinhos, mas não estamos... e esta é uma promessa que fazemos. Você é uma mulher forte e corajosa, e poucas pessoas podem fazer tudo o que você faz. ORGULHE-SE DE SI MESMA! Justine e Elyse."

Cynthia ficou com lágrimas nos olhos e quase sem fala. "Vocês são realmente anjos, eu nunca poderei agradecer-lhes o suficiente."

"Não tem de quê. Só queríamos iluminar seu dia. Boa sorte com o prazo, Cynthia." Elas saíram pisando as folhas secas do outono, entraram em seu carro e foram embora.

Ao voltar para a escrivaninha, Cynthia pegou a sacola de compras, tirou o embrulho de papel de seda e achou um livro intitulado *Visions of God: Four Medieval Mystics and Their Writings*, de Karen Armstrong. Ela sempre admirara aquela autora, e o livro era sobre religião e misticismo — o mesmo assunto sobre o qual ela estava escrevendo. Como elas sabiam?

Isso não era tudo. Colocou a mão na sacola novamente e tirou uma pequena abóbora, o que a fez sorrir. E havia ainda mais: no fundo da sacola havia uma bela blusa retrô. Era azul-esverdeada, diáfana e embelezada com fios prateados e pequenas contas iridescentes. Era a cor favorita de Cynthia, e tão extraordinária que ela não pôde resistir e a experimentou de imediato. Servia perfeitamente.

Impressionada com a perfeição dos presentes, com a sincronia, com a gentileza inesperada e a compreensão empática que aquelas mulheres lhe haviam transmitido, Cynthia sentiu uma expansão, uma elevação e um alívio. Todos os seus medos e preocupações desapareceram. Ela voltou ao computador e conseguiu se concentrar completamente no trabalho "como se eu tivesse todo o tempo do mundo", disse. Quando terminou o manuscrito calmamente naquela tarde, mandou-o por e-mail ao editor dentro do prazo, em um estado de relaxamento e livre de estresse. Ela havia se libertado de sua ansiedade e se concentrado no momento, entrando no Tempo do Buda.

A Bênção do Presente

Uma das coisas que mais aprecio na história de Cynthia é como ela ilustra que o tempo, na verdade, está na mente. Pensei sobre os abençoados presentes que essas duas bodisatvas — anjos altruístas, despertadores espirituais, que um dia se tornarão Budas — deram a Cynthia, trazendo-a de volta ao momento presente para ela que pudesse completar seu trabalho a tempo. Foi um presente de bondade, como os budistas o chamariam. Foi um presente incondicional, de sincronia perfeita.

Não conheço as duas bodisatvas, mas sei que elas estavam respondendo intuitivamente às necessidades de Cynthia. Como escritora, e sendo muito autocrítica, ela se sentia isolada e solitária. Recentemente havia rompido um namoro de longa data. Eu sabia que ela tinha tido uma infância difícil, com um pai excessivamente crítico e abusivo, que a assustava e se recusava a amá-la. Enquanto eu pensava sobre isso, senti uma onda de compaixão pelos pais e filhas em todos os lugares.

Cynthia estava tentando se libertar do passado e havia me falado sobre quanto achava profunda a consciência do agora. Como eu a relembrara, nunca é tarde para ter uma infância feliz! Ela estava aprendendo a viver cada momento como uma nova oportunidade para respirar e como um convite para recomeçar, revigorada, renovada e revivificada. Justine e Elyse lhe deram a oportunidade para vivenciar aquela poderosa percepção e usá-la para aliviar o fardo do estresse que poderia tê-la impedido de cumprir seu prazo.

Seria fácil concluir que as úteis amigas eram paranormais. Nós budistas sabemos que, como resultado da intensa prática espiritual e da meditação, a percepção pode ser elevada a ponto de parecer sobrenatural. Tais habilidades, conhecidas no budismo como *siddhis* ou poderes extraordinários, geralmente são interligadas. No Ocidente, as reconhecemos como aspectos do paranormal — incluindo a premonição, a sincronia, a "feliz coincidência" e o pensamento simultâneo ou conjunto. O que geralmente parece ser um fenômeno "psíquico" é na verdade o cérebro processando as coisas rapidamente, empregando a racionalidade e a observação analíticas e dedutivas, como meu herói de infância Sherlock Holmes. Quanto mais nos tornamos atentos, maior será nosso foco e nossos poderes de observação e dedução.

Talvez tenham sido seus poderes holmesianos de percepção que consciente ou inconscientemente fizeram com que Justine e Elyse discernissem, enquanto tiravam o pó das prateleiras, os tipos de livros que Cynthia gostava de ler, e também notassem as cores de que ela gostava. Será que repararam que os chinelos e a escova de dentes do namorado não estavam mais ali? As empregadas domésticas entram intimamente em nossa vida e tendem a saber de tudo. Elas aparecerem com a sacola naquele dia específico pode ter sido uma coincidência, mas também pode ter sido uma demonstração de consciência paranormal. Ou ambos. Ou nenhum. Isso importa? Todos os presentes abençoados e cheios de graça são bem-vindos.

Ao relaxar no Tempo do Buda por meio da prática intencional da meditação de atenção plena e da consciência do presente, você provavelmente descobrirá que, junto com as sincronicidades e as felizes coincidências, outras habilidades, como a leitura da mente, o reconhecimento de sinais e de presságios na natureza e nos sonhos, a previsão do futuro, a intuição do passado e os poderes elevados de percepção e de observação no presente aumentarão em sua própria vida. Ou, pode ser que uma vez que sua consciência se expanda, você repare mais cuidadosamente em tais capacidades inatas. Não é importante rotularmos nossas capacidades. O que importa é aprender a desenvolvê-las e utilizá-las a cada momento para lidarmos mais habilmente com a vida, para vivermos bem e felizes e para servirmos e ajudarmos os outros.

O fato mais poderoso que me tocou na história de Cynthia foi a compaixão generosa, a empatia e a bondade transmitidas por Justine e Elyse. Testemunhei muitos milagres na época em que morei na Índia e no Himalaia, mas entre todos eu diria que o maior foi o poder do amor incondicional. Pense nas vezes que acolhemos um anjo ou bodisatva — um benfeitor ou protetor sem limitações — em nossa vida e quanto isso significa para nós. E pense nas vezes que nós mesmos fomos espíritos guardiães para os outros, emprestando nossos ouvidos em solidariedade e dando-lhes um presente de compaixão em momentos de necessidade.

Como disse o mestre zen vietnamita Thich Nhat Hanh, "O maior presente que podemos oferecer é a nossa presença". Pense em como é maravilhoso para alguém nos dar toda a sua atenção e para nós, sermos escutados, vistos e sentidos verdadeiramente e tratados com gentileza e carinho. Muitas vezes, em nossos dias apressados e ocupados não nos focamos completamente nos outros nem ficamos alertas às suas necessidades. Deslizamos sobre a superfície das águas da vida, raramente mergulhando em suas profundezas. Os relacionamentos verdadeiros e íntimos são possíveis somente no presente, pois necessitam de contatos e vínculos genuínos, que não acontecem em lugar algum a não ser no agora.

Quando nos enraizamos no momento presente, espontaneamente nos conectamos melhor com os outros. Nos tornamos mais receptivos e menos reativos, escutando melhor e falando com mais clareza. Entramos graciosamente em uma nova zona, passamos do mero fazer ao ser, do ouvir ao escutar, do reagir ao absorver, do desequilíbrio ao equilíbrio harmonioso, da fragmentação à integração e da separação à união. Através da nossa transformação, transformamos todos os nossos relacionamentos e empenhamos a integridade do nosso ser em tudo que fazemos — em casa, no trabalho e na diversão. Esse é o milagre da atenção plena relacional.

A compaixão empática, junto com a atenção plena e a consciência do agora, é uma das ferramentas essenciais para lidarmos habilidosamente com o tempo. A bondade amigável e apreciativa é o lubrificante que mantém o relógio da comunidade funcionando bem. Como a física prova, quanto menos resistência encontramos, mais velocidade ganhamos. Reduzindo os conflitos, alcançamos nosso destino mais cedo e temos uma viagem mais suave. Essa é uma lição importante para aplicarmos em nossas interações com os outros e com o tempo.

Também adquirimos mais velocidade quando carregamos menos peso. A autocompaixão nos liberta das cargas que habitualmente levamos nas costas e das velhas histórias psicológicas — uma bagagem excessiva que nos deixa mais pesados. Podemos recomeçar renovados, em qualquer momento, com novos ares. Como confirma a ciência da neuroplasticidade, cada experiência nova gera células cerebrais novas e reorganiza o cérebro. Como nossas neuroconexões são transformadas e fortalecidas, estamos constantemente no processo de reformar a nós mesmos e à nossa vida.

Certas pesquisas neurológicas contemporâneas dão a entender que o cultivo da compaixão, da gentileza e do altruísmo por meio da meditação influencia as regiões do cérebro que regem a empatia. Estudos recentes de ressonância magnética funcional (RMNf) mostraram que a bondade, a compaixão, o altruísmo e outros sentimentos positivos podem ser aprendidos e até mesmo dominados do mesmo modo que os esportes, a música, a arte ou qualquer outra área de desenvolvimento.

Sentir compaixão pelos outros pode fortalecer nossa compreensão e nossa paciência. Como disse Platão, "Seja gentil, pois todos os que você encontra estão enfrentando uma dura batalha". Geralmente não temos como conhecer a disposição mental da pessoa que nos incomoda ou faz com que percamos nosso tempo, ou qual é o contexto pessoal ou o condicionamento mental dela. Se alguém lhe fechou no trânsito, por exemplo, talvez o perpetrador tenha acabado de receber péssimas notícias sobre o estado de saúde de um ente querido e esteja compreensivelmente triste e preocupado ao correr para o hospital. Ficar com raiva, em muitos casos, é um desperdício de tempo e energia. A irritação pode aumentar e o fogo da raiva pode se espalhar perigosamente. Cabe-nos observar nossos sentimentos, reconhecê-los e então liberá-los sem causar dano a nós mesmos ou aos outros. Em vez de reagir sem refletir, podemos tomar conscientemente todas as medidas necessárias para nos proteger. Neutralizar e reduzir o conflito suaviza todas as interações com outras pessoas e, em última análise, nos poupa tempo e energia. Às vezes vale a pena fazer uma pausa e uma simples oração. Um erudito amigo rabino, Marc Gafni, me disse que quando fica irritado ou aborrecido com os outros, reza: "Meu Deus, dê-me paciência — agora!".

Modos Conscientes

Nesses tempos corridos, é especialmente importante nos mantermos atentos aos outros, tirarmos um momento para reconhecê-los em nossas interações diárias e oferecer-lhes ajuda quando necessário. Lembre-se de conscientemente agradecer, desculpar-se, manifestar atenção e oferecer reconhecimento e elogios às pessoas com quem interage. É uma forma de concentração e de atenção. Depois de uma longa fila em uma lanchonete cheia, quando finalmente recebe seu sanduíche ou sua rosquinha, você se lembra de sorrir para a pessoa atrás do balcão e de agradecer-lhe? Com intenção e concentração, esse ato pequeno mas significativo é uma bênção que espalha bondade. A pessoa consciente conhece sua energia emocional e pode habilmente direcioná-la para o bem de todos. Use sua energia sabiamente; você será recompensado, tanto agora quanto depois.

Lembro-me de uma experiência que tive no meio da década de 1970. Eu estava viajando de trem para um centro sufi chamado Beshara, uma fazenda fora de Londres. Uma senhora de idade com uma sacola de compras gigante entrou no vagão e me abriu um sorriso radiante quando afastei minha bagagem e a ajudei a se sentar ao meu lado. "Você tem um sorriso adorável, rapaz", ela disse, "Obrigado, senhora", respondi. "Um sorriso é de graça, não custa nada e agrada a todos", ela continuou. "É a menor distância entre duas pessoas. Sorrio o dia todo e meus sorrisos nunca se acabam, pois os recebo de volta todas as vezes."

Repentinamente fiquei alerta, percebendo que havia acabado de ganhar um presente maravilhoso. Pensei em todos os contos de ensinamentos que já havia escutado ou lido, nos quais um mestre espiritual repentinamente aparece diante do discípulo para testá-lo, prová-lo, lembrá-lo e ensiná-lo. Talvez essa sorridente viajante fosse na verdade meu falecido guru Neem Karoli Baba, que havia morrido havia dois anos na Índia e era famoso por seus truques e aparições mágicas!

Enquanto isso, a mulher grisalha simplesmente sorria para mim. Mal nos falamos durante o resto do caminho, somente desfrutamos a experiência de estarmos sentados juntos enquanto atravessávamos o interior plano e verdejante da Inglaterra. Nunca esqueci essa espontânea lição sobre o zen de sorrir. Desde então, adotei a prática de sorrir livremente e muitas vezes, todos os dias, e ela me faz bem. É a energia positiva e a atenção atrás do sorriso que o fazem tão potente e o tornam um presente tão grande, uma forma de bênção.

Estudos sobre o chamado comportamento do Bom Samaritano (socorrer desconhecidos vítimas de imprevisto) descobriram que as pessoas apressadas eram menos dispostas a oferecer ajuda às outras. (Ironicamente, um estudo demonstrou que até mesmo clérigos, apressados para ir fazer um sermão sobre a parábola do Bom Samaritano, eram literalmente capazes de passar reto diante de uma pessoa com problemas.) Um estudo indicou que nas cidades americanas mais ativas e movimentadas as pessoas eram menos propensas a parar na rua e demonstrar comportamentos básicos de assistência, enquanto os habitantes das cidades menos movimentadas, como aquelas do sul e do sudoeste americano, demonstravam mais tal altruísmo. Segundo certa teoria, a cognição diminui quando nos apressamos e, à medida que a velocidade da vida aumenta, a ética se torna um luxo. Como escreveu Rumi, sublime poeta e místico persa, "Saia da roda do tempo e venha para a roda do amor".

Quanto mais aumentamos nossa consciência, mais percebemos nossa própria energia e a dos outros. A atenção é uma forma de energia. Pense sobre como o motorista do outro carro nos olha de relance quando percebe que estamos olhando para ele. Pense sobre a falta de energia, por exemplo, quando percebemos que a pessoa com quem estamos falando ao telefone não está prestando atenção porque está fazendo outra coisa (como muitos de nós fazemos em nossa vida atarefada). Sentimos a energia dela desfalecendo e seu foco indo para outro lugar. Isso é palpável mesmo antes de ouvirmos o digitar no teclado.

Multitarefas Iluminadas

Para mim, fazer várias coisas ao mesmo tempo é um tipo de *siddhi* ou poder extraordinário. Geralmente recomendo que só os mestres iluminados tentem fazer isso. Como um Shiva Dançante com mãos e pés múltiplos, é necessário uma consciência altamente desenvolvida para realizar corretamente todas as tarefas. Mas quer se queira, quer não, isso é algo que todos nós fazemos uma hora ou outra, mesmo que para a maioria de nós seja difícil se concentrar atentamente em uma só coisa. Quando fazemos várias coisas ao mesmo tempo, pensamos que estamos poupando tempo, mas na verdade estamos fazendo uma coisa em detrimento de outra e tudo sai malfeito. Ser atento e focado é muito mais eficaz, como você verá quando aplicar em sua vida diária as lições para viver no Tempo do Buda.

O próprio Buda disse muito tempo atrás que podemos ter somente um pensamento de cada vez, e as pesquisas neurocientíficas modernas o corroboraram. Quando pensamos que estamos fazendo duas ou mais coisas ao mesmo tempo, estamos na verdade alternando nossa consciência entre elas numa velocidade muito alta, porque *o cérebro, literalmente, só pode enfocar uma coisa de cada vez*. Desse modo, a fragmentação de foco é contraproducente e dissipa a energia. É por isso que quando estamos focados em um projeto de trabalho, vale a pena fechar o programa de e-mails, deixar o telefone tocar e ignorar qualquer outra coisa que ameace atrapalhar seu trabalho. Outras tarefas e diversões podem esperar. Concentre-se completamente e estabeleça habilmente suas prioridades; isso faz uma diferença considerável no seu desempenho.

Algumas pessoas (por exemplo, artistas, cientistas e escritores) entram no fluxo de seu trabalho mas podem parecer preocupados e não totalmente presentes quando não estão trabalhando — porque seu trabalho está sempre lhes chamando a atenção no fundo de sua mente. Isso cria o fenômeno do "professor distraído" — a pessoa visionária que sempre coloca os óculos ou as chaves do carro no lugar errado e então se frustra pelo tempo desperdiçado ao procurar por eles. Pode ser que estejam tão imersas na atividade do lado direito do cérebro (tendo uma visão geral) que perdem a noção do tempo linear do lado esquerdo do cérebro e dos detalhes triviais e não conseguem ver o que está debaixo do seu nariz. Esse tipo de pessoa deve fazer questão de despertar o lado direito do cérebro e se ligar a ele. E vice-versa para aquelas pessoas mandonas, super-racionais, obsessivas e meticulosas. Equilibrar os dois lados é a essência do Caminho do Meio.

O PODER DAS POLARIDADES

Glória a Manjusri, personificação
Sempre jovem da sabedoria transcendental
E da consciência discriminativa.
Que sua espada flamejante da gnose nos ilumine,
Cortando nossa ligação com a ilusão.
Glória a Tara, o Buda feminino,

*personificação da sagrada energia feminina
dentro de todos nós.
Que todos a compreendam e a realizem.*

O budismo tibetano enfatiza a energia feminina sagrada e o modo como ela complementa harmoniosamente a energia masculina. Muitas tradições espirituais — desde os alquimistas antigos, com sua reconciliação dos opostos, e os xamãs, que unem este mundo e o outro — demonstram a importância de equilibrar e reconciliar os opostos. (Jesus e as primeiras gerações de cristãos falavam a mesma coisa, mas a mensagem original foi censurada e cooptada pelo patriarcado, pelo menos até os evangelhos de Tomé, Felipe, Maria Madalena, e Dan Brown, virem à tona.) As divindades e arquétipos femininos de meditação, personificando as qualidades internas de sabedoria e iluminação, são invocadas de várias maneiras, incluindo mantras e orações; visualizações imaginativas criativas; mudras (gestos com as mãos); posturas de ioga, respirações e trabalho de energia; e práticas de cura e de longevidade envolvendo os chakras sutis, os meridianos e outros canais de energia.

Os mestres tibetanos ensinam que, se uma praticante gera a preciosa *boddhicitta* (coração/mente despertos) e ocupa-se com essas práticas, ela geralmente obterá a iluminação ou o desenvolvimento espiritual mais rápido do que um homem. A medicina e a psicologia modernas encontraram provas científicas da superioridade mental e espiritual da mulher, assim como de suas habilidades de comunicação e consciência relacional. Nas décadas de 1980 e 1990, pesquisadores de neurologia relataram que as mulheres têm até quatro vezes mais conexões do que os homens entre os dois lados do cérebro. O corpo caloso, a principal "ponte" que liga os hemisférios direito e esquerdo, que como vimos pode ser fortalecida através da meditação, é naturalmente mais espesso nas mulheres do que nos homens. De acordo com os pesquisadores, essas características tendem a tornar as mulheres mais perceptivas, articuladas e fluentes verbalmente. E porque para elas é mais fácil enxergar o todo, elas podem ser mais eficientes no desenvolvimento espiritual. Pelos mesmos motivos, podem se sentir mais estressadas e sobrecarregadas do que os homens, que, por causa de diferenças fisiológicas, levam vantagem na compartimentalização, na capacidade de se concentrar em um único assunto ou objetivo e em bloquear os sentimentos e as distrações.

No budismo tibetano, uma das divindades masculinas mais reverenciadas é Manjusri, o deus ou arquétipo da sabedoria transcendental. Ele é o mestre do Dharma que personifica os princípios atemporais da verdade última e guia os seres sencientes através do oceano do sofrimento para a salvação e a iluminação. Tara é o Buda feminino; representa e personifica a atividade de iluminação abnegada e a sabedoria feminina. Seus epítetos e apelidos em língua tibetana são, entre outros, a Libertadora, Aquela Que Cuida de Todos Nós e A Que Responde às Preces Imediatamente. Podemos aprender e desenvolver seus *siddhis* espirituais imitando a ambos de inúmeras maneiras, tanto na contemplação quanto na ação.

MOMENTOS DE ATENÇÃO PLENA

A Compaixão e os Meios Hábeis

Chamando Tara

O exercício a seguir, dedicado à deusa Tara, vai fortalecer as mulheres e ajudar os homens (predominantemente os que pensam mais com o lado esquerdo do cérebro) a estabelecerem uma ligação mais íntima com o lado direito do cérebro. Isso vai fortalecer suas capacidades associativas, fazer emergir padrões e relacionamentos e estimular as soluções criativas e inovadoras. Vai também aumentar seu amor, sua coragem e compaixão pelos outros.

1. Respire profundamente. Sorria. Relaxe...
2. Abandone as imagens que você tem de seu nome, forma e autoimagem — se você se vê novo ou velho, homem ou mulher, gordo ou magro, doente ou saudável ou outras qualidades fixadas no tempo e no espaço.
3. Visualize-se como energia de luz pura surgindo do vazio, da indeterminação, da impermanência, da transparência, da ausência de eu.
4. Imagine-se como Tara Verde ou Tara Branca: radiante como uma joia, uma esmeralda; ou luz branca, transparente mas vívida, como um arco-íris ou uma luz brilhante refratada por um cristal.
5. Imagine seu chakra do coração girando no sentido horário e visualize sílabas mântricas ou qualidades-chave femininas, como Beleza, Gentileza e Compaixão, gravadas em cada pétala do chakra do coração em forma de flor de lótus.

6. Visualize essa energia mental do coração enchendo o lugar em que você se encontra e, em círculos que se expandem, espiralando-se e englobando a Terra inteira.
7. Recite "Om taray tu-taray turi-yay swaha", o mantra de Tara, por alguns minutos.
8. Aos poucos retorne à consciência normal e assuma seu nome e forma usuais, enquanto descansa mais um minuto na calma e na quietude.
9. Retendo o sentimento de que você é a personificação da sabedoria e da compaixão atemporais, retome suas atividades diárias. Dessa maneira maravilhosa, represente a vida de uma deusa, um Buda feminino. Inspire Tara e expire Tara, difundindo bênçãos e benevolências pelo mundo todo.

Chamando Manjusri

Este exercício vai dar estabilidade aos homens e ajudar as mulheres (predominantemente as que pensam mais com o lado direito do cérebro) a estabelecerem uma ligação mais íntima com o lado esquerdo do cérebro. Isso é especialmente bom para fortalecer a memória, aumentar a inteligência, dar aula, debater, trabalhar como vendedor, escrever, fazer música ou dominar qualquer outra arte ou ofício. De acordo com os ensinamentos tibetanos, esse mantra de sabedoria vai, na realidade, fazer você ficar mais inteligente e capaz de processar informações mais rapidamente.

1. Respire profundamente. Sorria. Relaxe...
2. Apague as imagens convencionais que você tem de si mesmo, como no exercício de Tara.
3. Visualize-se como energia pura surgindo do vazio, da indeterminação, da impermanência, da ausência de eu.
4. Imagine-se como Manjusri, cujo nome significa "Glória Suave", segurando uma flor de lótus na mão esquerda, sentado sobre um leão azul e protegendo o mundo inteiro.
5. Imagine seu chakra da coroa em forma de lótus (localizado no redemoinho no topo da cabeça) girando no sentido anti-horário e visualize sílabas mântricas ou qualidades-chave masculinas, como Verdade, Juízo Discriminativo e Força, gravadas em cada pétala.
6. Visualize aquela energia enchendo o espaço em que você está e, em círculos que se expandem, espiralando-se e englobando a Terra inteira.

7. Recite *"Om a ra pa tsa na dhi"*, o mantra de Manjusri, por alguns minutos.
8. Retorne gradualmente à consciência normal e assuma seu nome e sua forma, enquanto descansa mais um minuto na calma e na quietude.
9. Retendo o sentimento de que você é a personificação da sabedoria transcendental, retome suas atividades diárias. Desse modo poderoso, represente a vida de um deus, um Buda masculino, agindo sabiamente neste mundo evanescente.

Convém que você se visualize e se identifique com essas entidades divinas; o ideal seria você alternar entre os dois exercícios para manter a si mesmo e suas energias internas em equilíbrio. Manjusri é personificado como um jovem príncipe de 16 anos, porque a sabedoria é pura e incorruptível, sempre nova a cada momento. Tara é conhecida como A Que Responde às Preces Instantaneamente. Ao ficar mais sintonizado com sua própria energia e consciência, unificando as energias de Tara e de Manjusri dentro de si, você será capaz de sentir quais mudanças serão necessárias. Descobrirá que a conexão entre os hemisférios vai se fortalecer e que seus poderes intuitivos e seu senso de totalidade e plenitude aumentará.

Para darmos conta de uma vida ocupada, temos de usar todas as nossas capacidades mentais para o bem, incluindo a intuição. Uma executiva que conheço, por exemplo, me disse que, quando tem pela frente uma imensa pilha de planos de negócios para examinar, geralmente intui quais serão os mais interessantes; isso a ajuda a priorizar os planos e a ganhar tempo. Ela diz que a necessidade a obrigou a desenvolver essa capacidade, à qual apela sempre que encara uma quantidade enorme de trabalho. Ela equilibra a intuição e a lógica, o pensamento associativo e a racionalidade.

A visualização é uma tecnologia antiga, poderosa, profunda e nada agressiva. Pode ser eficaz para pouparmos tempo, ajudando-nos a "prever" as coisas. Os atletas profissionais costumam visualizar os resultados para realizá-los, e isso é algo que todos podemos fazer. O segredo, no entanto, não são os *objetivos*, o que você *quer*. Quantas pessoas conseguiram o que achavam que queriam e mesmo assim não são felizes? Se, por outro lado, você pede o que já tem, suas preces já foram atendidas. Então, em vez de tentar conseguir o que você pensa que quer, o verdadeiro segredo é agradecer pelo que você já tem.

Neste livro, ofereço-lhe ferramentas para ajudar a atingir o equilíbrio numa vida cheia de obrigações e oportunidades. Quanto mais praticarmos a atenção, a meditação e a consciência do agora, mais descobriremos que nossa energia vital, ou *prana*, ou Chi, aumenta e flui livremente.

O aumento de energia, junto com a redução da resistência e da bagagem psicológica, permite que cheguemos ao nosso destino de modo muito mais rápido. Quanto mais nossa energia fluir livremente, mais vitalidade teremos e mais aguçados ficarão nossos sentidos. Como veremos ao continuarmos praticando os exercícios deste livro, nossa consciência se tornará mais sutil, ficaremos mais sintonizados, o intangível se tornará tangível e nossa percepção e sensibilidade aumentarão. Estamos treinando nossa mente através das lições destas páginas, escutando o som entre as notas e conscientizando-nos dos espaços entre os quadros do filme. Nossa consciência é, realmente, como um filme: podemos desacelerá-la ou acelerá-la. Você é o diretor de seu próprio filme, de sua própria vida.

Podemos aprender a perceber melhor a energia das outras pessoas e dos animais e sintonizarmo-nos com as energias mais sutis de tudo ao nosso redor, incluindo os elementos naturais, as cores e os metais. Os mantras e outros sons, como a música e os cânticos, vibram em centros de energia sutis e, com isso, aumentam nossa energia e desbloqueiam os canais. Quanto mais livremente nossa energia fluir, mais capazes seremos de monitorá-la e direcioná-la habilidosamente. Quanto maior for o nosso equilíbrio, mais capazes seremos de entrar no Tempo do Buda — a zona iluminada onde todas as polaridades se harmonizam.

Notícias de Shangri-Lá

Os benefícios para a saúde de se viver no Tempo do Buda são múltiplos. Além de fortalecer o coração, os pulmões, o fígado e outros órgãos importantes, os exercícios de respiração, meditação de atenção plena e outras técnicas energizam os chakras, os meridianos e outros caminhos de energia e ajudam a prevenir as doenças e os mal-estares. A meditação promove a produção de serotonina, ocitocina, dopamina e outros neurotransmissores que contribuem para os sentimentos de alegria, felicidade e bem-estar. Geralmente se nota que as pessoas que meditam regularmente parecem bem mais novas do que sua idade biológica, em razão do aumento da vitalidade e da flexibilidade mental e da redução de estresse.

O envelhecimento pode realmente ser revertido? Há uma maneira de desacelerar o tempo, fortalecer a mente e até mesmo prolongar a vida enquanto o tempo passa? Essa busca eterna encontrou uma expressão artística e literária em *Horizonte Perdido*, de James Hilton, o clássico romance sobre Shangri-Lá, o paraíso oculto no Tibete, cujos moradores raramente envelhecem ou ficam doentes. No filme de Hollywood baseado no livro, os moradores parecem jovens e dinâmicos mesmo tendo centenas de anos de idade. Ainda que seja ficção, a história foi baseada nas lendas tibetanas sobre o reino iluminado de Shambhala, e *Shangri-Lá* entrou em nosso vocabulário como sinônimo de utopia ou de fonte da juventude.

Há alguma verdade nesse mito exótico? Em testes científicos feitos em Harvard, em Yale e no Instituto de Tecnologia de Massachusetts, pesquisadores recentemente descobriram que a meditação de *insight* pode aumentar o tamanho do cérebro e desacelerar o processo de envelhecimento. Para a surpresa deles, descobriram que uma área de massa cinzenta que lida com a atenção e com o processamento de dados sensoriais fica mais densa e mais pronunciada à medida que as pessoas que realizam a meditação de *insight* envelhecem. Nas pessoas comuns, essa área do córtex, que rege o pensamento, geralmente diminui com o envelhecimento. A meditação de *insight* não envolve cânticos, pensamentos ou visualização de imagens, mas enfoca as sensações corporais, os ruídos e outras experiências sensoriais, bem como a respiração.

"Nossos dados indicam que a prática da meditação pode promover a plasticidade cortical em adultos em áreas importantes para o processamento cognitivo e emocional e para o bem-estar", diz Sara Lazar, psicóloga da Faculdade de Medicina de Harvard e principal investigadora do estudo feito nessa universidade. "Essas descobertas são compatíveis com outros estudos que demonstram aumento de densidade das áreas musicais no cérebro de músicos e das áreas visuais e motoras no cérebro de ilusionistas. Em outras palavras, a estrutura de um cérebro adulto pode mudar em resposta à prática reiterada."

Somente quatro das vinte cobaias humanas da experiência eram professores de meditação ou de ioga. Os outros eram advogados, profissionais de saúde, jornalistas ou pessoas com outras profissões. Em geral os participantes meditavam cerca de quarenta minutos por dia.

Além de aumentar a atenção e a memória e desacelerar alguns aspectos do envelhecimento cognitivo, Lazar afirma que a meditação pode ser utilizada como uma ferramenta prática para controlar o tempo. Por exemplo, em casa ou no escritório, as pessoas ficam ansiosas com prazos ou com a possibilidade, ou não, de superarem as expectativas dos outros. "Se, em vez de nos preocuparmos, focarmo-nos no momento presente, no que precisa ser feito e no que está acontecendo agora, boa parte da sensação de estresse vai embora", diz Lazar. "Os sentimentos se tornam menos obstrutivos e mais motivadores."

Outros estudos estão começando a obter resultados semelhantes. Na Universidade George Mason, pesquisadores descobriram que vários estilos de meditação budista podem aumentar temporariamente as capacidades visuais e espaciais e melhorar a memória de curto prazo por alguns minutos, e em alguns casos por horas. Em um artigo da revista *Psychological Science*, os pesquisadores concluíram que sua descoberta "tem muitas implicações para as terapias, os tratamentos de perda de memória e o treinamento mental".

Meditar alguns minutos por dia pode não fazer com que vivamos para sempre, mas vai ajudar a fortalecer nossa percepção, memória e concentração. Podemos até descobrir que nos sentimos mais novos e mais enérgico à medida que os anos passam e que nossa mente e espírito continuam a se expandir em novas e luminosas dimensões.

Exercícios hábeis de respiração e práticas ativas internas de rejuvenescimento e longevidade — exercícios que envolvem o *prana* corporal sutil — podem ser encontrados no ioga energético tibetano, inclusive nos seis iogas de Naropa. A consciência interna radiante obtida por meio do *tummo*, uma prática mística de calor interno, foi documentada por pesquisadores e descobriu-se que ela se espalha por todo o organismo — em muitos níveis, não somente o físico. A vitalidade e a energia, a força vital e o quociente de longevidade são maximizados, de modo que as reservas do praticante são fortificadas em vez de simplesmente irem minguando. Isso quando a meditação é aliada a dietas especiais para o ioga, jejuns, a ingestão de preparados sagrados feitos à mão com esse propósito (ervas do Himalaia e pequenas quantidades de minerais, de acordo com os métodos meditativos, alquímicos e medicinais do ioga), mantras, orações e visualizações detalhadas.

Meu primeiro guru, o falecido Neem Karoli Baba, do norte da Índia, tinha a reputação de ter 120 anos, e devotos e discípulos indianos diziam que, quando o conheci, em 1971, ele tinha a mesma aparência de cinquenta anos antes. Quando perguntei quantos anos tinha, ele disse: "Sou mais velho do que Deus". Podemos todos batalhar pela realização do estado imortal chamado pelos budistas de "Dharmakaya que Não Nasce nem Morre" (O Corpo Búdico de Realidade ou Verdade Imortal). É assim que aliviamos nosso medo da morte ou, em termos antigos, é assim que "matamos a morte".

Outro grande mestre realizado do século XX, talvez o maior santo indiano de sua época, o famosíssimo e reverenciado sábio Ramana Maharshi, do sul da Índia, sempre foi uma grande inspiração para mim, e seu livro *Self Inquiry* [Investigação de Si Mesmo], pequeno mas denso, continua sendo um clássico do caminho espiritual da iluminação. Quando ele estava morrendo de câncer em idade avançada, na década de 1950, seus discípulos se lamentavam, choravam e pediam a ele que não se fosse. "Aonde eu iria?", o mestre respondeu em várias ocasiões. Ele realmente estava além do nascer e do morrer, do ir e vir. Essa é a verdadeira realização da longevidade ou da imutabilidade (iluminação espiritual) a que eu aspiro, não a mera longevidade física de meu próprio veículo mortal. Quando os discípulos perguntaram a Ramana se ele voltaria renascido para abençoá-los e protegê-los na próxima vida, novamente ele assegurou: "Estou sempre com vocês. Nunca estaremos separados".

Recentemente jantei com o estimado professor Kilung Rinpoche, do Tibete Oriental, e ele me perguntou se eu estava sempre com meu falecido mestre de *Dzogchen*, o grande Nyoshul Khenpo Rinpoche. Sem hesitação, respondi que ele estava sempre comigo e em mim. Eu ainda o sinto. Isso é simplesmente o modo como me sinto e como vivo.

PAUSA PARA REFLEXÃO

Descanse no Presente

Pare um pouco para sentar-se ou, melhor ainda, deitar-se de lado — na cama talvez, ou em um tapete, na grama ou na praia —, feche os olhos e relaxe. Respire, sorria, relaxe.

Deixe ir e deixe ser.

Deixe tudo se assentar e imagine que você é como um bebê, uma criança, até mesmo um feto no útero, livre das considerações do tempo e do espaço.

Descanse aconchegado e à vontade, como se flutuasse na bolsa amniótica quente e receptiva deste instante, livre dos seus papéis e distrações habituais de adulto, da sua idade, sexo e preocupações.

Deixe as águas mornas da consciência e do agora naturais lhe lavarem por dentro e por fora, enchendo-o de paz e bênçãos.

Saiba que você está seguro e completo, em casa. Saiba que é amado novamente. Nada mais está acontecendo.

Desfrute desse repouso no estado natural, além do tempo, além da mente, em casa e à vontade na grande perfeição natural de somente ser.

Você está em casa agora.

Volte mais ainda.

Imagine que você está morto e enterrado.

Desfrute desse grande sono na fria boca da tumba uterina,

Além de todas as vicissitudes desta vida passageira.

O que tinha de ser feito está feito.

Volte para casa, para si mesmo, para sua verdadeira fonte

e nascente.

Respire a luz, a energia sutil do ser puro,

Além da vida e da morte, indo e vindo.

E descanse no secreto coração mais íntimo do sagrado agora.

Com uma percepção diferente do tempo sem limites e de como podemos acelerar ou desacelerar o tempo, dependendo da rapidez da nossa mente no ato de processar as imagens da experiência, podemos entender por que o envelhecimento realmente diz respeito à promoção de nossa sabedoria herdada e da "corrente do bem", como dizem meus amigos jovens. A sabedoria e a realização espiritual nunca declinam, mesmo que nossas faculdades mentais pareçam declinar; elas crescem durante a vida e além. Como meu bom amigo tibetano, Sua Santidade Gyalwang Drukpa Rinpoche, disse recentemente em um discurso que fez na ONU, "Ainda que tudo mude, que tudo seja impermanente e difícil de manter por muito tempo, o que passamos e transmitimos aos outros importa muito, tanto agora quanto no futuro, e tem sua própria magia duradoura".

Não seríamos humanos se não experimentássemos a perda e a dor. Mas como disse o mitólogo Joseph Campbell, "A atitude certa não é se retirar do mundo quando percebemos quanto ele é horrível, mas perceber que esse horror é simplesmente o primeiro plano de uma maravilha; então, devemos retornar para participar dele". Só participamos com todo o nosso potencial quando estamos atentos ao momento, emanando bondade e compaixão. Tudo se resume à nossa perspectiva e percepção.

No próximo capítulo, mostrarei medidas práticas para integrar a atenção plena em sua vida diária. Vou apresentar também dois modos adicionais de entrar no Tempo do Buda — através das artes simples e transformativas da presença e da meditação em ação.

Capítulo 5

ADMINISTRE O TEMPO COM SABEDORIA

Escuto a flauta que ninguém sopra,
Nas profundas sombras do verão,
Do Templo de Suma.

— Matsuo Bashô, poeta japonês do século XVII

Sherlock Holmes foi um dos meus heróis de infância, um professor cujas lições ainda me fazem refletir. Ele era um super-herói de antigamente. Combatia o crime já muito antes das revistas em quadrinhos modernas, dos desenhos animados, dos efeitos especiais e dos *video games*. Fazia sua mágica com refinados poderes de observação. Seu raciocínio perspicaz, baseado em uma observação extraordinariamente aguçada e em uma perfeita percepção do tempo, era seu superpoder. Em *A Aventura do Soldado Descorado*, Dr. Watson, seu amigo e cronista, cordial porém obtuso, declara com admiração: "Holmes, você vê tudo!". E Holmes responde com indiferença: "Não vejo mais do que você, mas me treinei para perceber o que vejo".

Isso é a Compreensão Correta, o primeiro passo do Nobre Caminho Óctuplo de Buda, a própria coluna vertebral do budismo. Mesmo sendo um personagem fictício, Holmes é tão atento e concentrado quanto possível. Sempre resolve os casos mais difíceis depois de a Scotland Yard ter desistido, pois ele é o único que percebe a lama no sapato de alguém, a bainha de uma calça com marcas feitas pelo degrau de uma escada, uma pequena rachadura nos óculos de um suspeito, o estado das mãos de um trabalhador ou alguma outra pista quase invisível, porém importante. Para treinar-se, ele anda pelos cômodos, tentando captar e registrar os menores detalhes. Depois, repassa na mente o que viu — uma antiga disciplina mental de memorização. No mesmo sentido, quase todo *tulku* (lama reencarnado) que conheço, incluindo o Dalai Lama, teve que memorizar quarenta páginas de textos sagrados *por dia* como parte de seu treinamento mental e educação tradicional budista tibetana.

Mesmo tendo aprendido a arte da dedução na Inglaterra, pela perícia no método científico aplicada ao mundo do crime, Holmes foi altamente influenciado pelo pensamento oriental. Na história original de Arthur Conan Doyle, Holmes, incógnito, visita o Tibete por dois ou três anos, estuda meditação com o grande lama e domina a atenção plena e outras artes contemplativas. Tais habilidades, bem como sua calma sobrenatural e seu desinteresse pela impermanência da vida, citadas todo o tempo nas histórias, são, acredito eu, a chave para a fascinação que ele tem provocado em gerações de leitores. Ele é capaz de estabilizar a mais intensa energia mental, trabalhar de forma brilhante com profunda calma e paz interior e resolver o caso no momento exato. Com Sherlock Holmes aprendemos a ser observadores cuidadosos e também a cultivar a atenção plena em movimento, ou, como os budistas a chamam, a *meditação na ação*.

A Grande Desaceleração

Agora uma aplicação prática da arte de detecção de Holmes. Sabemos que para enxergarmos movimentos no escuro — para encontrar alguém numa rua escura, por exemplo, ou um animal na floresta — devemos ficar parados, expandir nossa consciência para a visão periférica e relaxar o olhar de modo concentrado e alerta. Então, os movimentos e variações na luz e na escuridão se tornam mais claros. Do mesmo modo, quando paramos a constante agitação da mente e simplesmente respiramos e observamos, nós facilmente detectamos nossas próprias sutilezas, assim como as dos outros.

Quando a mente está calma e atenta, podemos até começar a sentir que lemos os pensamentos das pessoas, uma vez que esse se torna o único movimento no campo da consciência. Como vimos no último capítulo, os *siddhis* — ou fenômenos temporais como premonições, coincidências, sincronicidades, pensamento conjunto, telepatia e assim por diante — dão a impressão de ser sobrenaturais, mas são na verdade poderes inatos de consciência que podem ser alcançados com a prática da meditação.

Nos anos recentes, você sem dúvida ouviu falar do *Slow Movement*, um movimento popular contra o ritmo moderno que promete nos colocar novamente em contato com o ritmo natural e vagaroso que foi vivenciado pela humanidade durante a maior parte da sua existência. Há o movimento *Slow Food*, reação contra o *fast-food*, originado na Itália e agora espalhado pelo mundo. Participantes do movimento preparam pratos elaborados com ingredientes locais e naturais e desfrutam de horas de alegria, comendo juntos. Há também o movimento *Slow Bodybuilding*, uma abordagem alternativa da musculação que enfatiza o levantamento de peso num ritmo extremamente lento e intenso. Os praticantes dizem que o treino é doloroso, mas os exercícios vagarosos e concentrados rendem um tônus incomparável. O movimento *Slow Sex* toma como exemplo o tantra, a ciência antiga das artes eróticas da Índia e do Tibete, centradas na gratificação prolongada mas adiada e na transformação da paixão em compaixão e satisfação.

Slow Art, *Slow Film* e *Slow Lit* celebram tal enfoque nas belas-artes e nas artes de espetáculo. Um ótimo exemplo é o romance *Ponto Ômega*, de Don DeLillo, baseado em *24 Hour Psycho* [Psicose em 24 Horas], uma recriação em vídeo, feita no Museu de Arte Moderna de Nova York, do clássico suspense de Alfred Hitchcock desacelerado para dois quadros por segundo. Dura um dia inteiro. Os movimentos *Slow Dancing* [Dança Devagar], *Slow Parenting* [Paternidade Devagar], *Slow Travel* [Viagem Devagar], *Slow Money* [Dinheiro Devagar], entre outros, também têm como objetivo relaxar, diminuir custos e simplificar.

O que tais abordagens desfrutam em comum é a consciência concentrativa. A arte benéfica da concentração vem sendo ensinada pelo budismo há milhares de anos. A prática da meditação concentrativa agrupa a energia mental espalhada, domando nossa mente indisciplinada e aumentando nosso foco e atenção.

É fato conhecido que quando estamos lutando para lembrar de algo, geralmente a melhor solução é relaxar a mente. "A memória vai acabar voltando", você pensa. É o que normalmente acontece quando você para de lutar e de se debater. Por quê? Porque tudo que você já aprendeu ou pode querer aprender está acessível na dimensão atemporal. Você não precisa tentar alcançá-la. Só é necessário achar o seu centro de calma interior e se abrir para que a informação venha até você. Lao-tse provavelmente teria dado a essa abordagem o nome de "caminho do não acessar". Os videntes da Índia antiga chamavam-na de registro *akáshico* — o armazém cósmico de todas as coisas. Também é conhecida como *gnose*, uma das palavras gregas que significam "conhecimento". O psicanalista Carl Jung a chamava de *inconsciente coletivo*. Tudo o que precisamos fazer para alcançá-la é nos manter calmos e focar nossa atenção em um só lugar por tempo suficiente.

Essa prática contemplativa para aumentar o foco e a concentração não é um vigoroso exercício mental; é, antes, uma questão de entrar em sintonia, criar um canal, abrir a fenda do momento eterno. Ao treinar nossa concentração, estamos na verdade aprendendo a ser *receptáculos* ativos e sensíveis. Ela é nossa principal ferramenta para sair do caos temporal do dia a dia, uma vez que o próprio tempo desaparece quando nos focamos totalmente no momento presente. Quando temos problemas, precisamos parar, respirar, encontrar nosso centro, fazer um balanço. A meditação concentrativa nos treina para isso. Quanto mais concentramos nossa atenção, mais coisas podemos assimilar, sentimo-nos mais seguros e a nossa capacidade de tomar decisões refletidas aumenta.

Por meio da consciência contemplativa, aprendemos a não deixar nossa mente — pensamentos, sentimentos, memórias, narrativas pessoais e por aí afora — ficar no caminho. Gostaria de introduzir aqui o conceito de *presença*. Ao passo que a meditação concentrativa foca nossa atenção num único ponto, a presença é a meditação na ação. Ela nos ensina a não só viver o momento, mas a *tornarmo-nos* o momento, de modo consciente e intencional. Se no momento você tem que ouvir, torne-se a essência do ouvir — não seja um "ouvinte", mas simplesmente ouça e escute. Se no momento você tem que se relacionar com alguém, torne-se a essência do relacionamento, sem separação e egoísmo. Se tem que correr, torne-se puro movimento. Se tem que jogar bola, torne-se a bola. Se tem que pescar, torne-se o pescador e a pesca em uma só pessoa.

A presença leva em conta nossa própria velocidade e humor. Ao tomarmos consciência de nós mesmos, compreendemos melhor como funcionamos e como podemos nos harmonizar às diferentes condições. Por exemplo, os sistemas fisiológicos de algumas pessoas parecem ser muito rápidos: elas tendem a ser impulsivas, irritáveis, hiperativas, frenéticas, obsessivas ou ansiosas. Aqueles com sistemas mais lentos tendem a ser tipos acabrunhados: remoedores, lentos de pensamento e de reação ou depressivos. Ioga, meditação, visualização e ajustes alimentares podem ajudar as pessoas a regularem e melhorarem o índice de seu metabolismo e de outros sistemas relacionados à velocidade.

Então, não tenha medo de conscientemente diminuir a marcha. Como a filha de 10 anos do meu amigo Rich explicou certa manhã, ao ser arrastada por ele pela rua no caminho para a escola: "Papai, papai, mais devagar, sem pressa! Quando não temos pressa, não nos atrasamos".

Todos os competidores de elite em campos variados — campeões de pôquer, mágicos, adeptos de ioga, atiradores de elite, rebatedores da liga principal, controladores de voo — têm de treinar, através da prática constante e da repetição, para desacelerar a mente e libertá-la de pensamentos e emoções obscuras a qualquer momento. É assim que eles se sintonizam totalmente com um momento específico de experiência, conseguindo certa vantagem sobre seus oponentes. Segue abaixo um experimento para ajudá-lo a conseguir esse nível de calma também.

MOMENTOS DE ATENÇÃO PLENA

Repouse

Se você deseja cultivar o repouso absoluto e a clareza da mente aqui e agora, sente-se e imagine-se em uma praia ou lago tranquilo. Se a mente é um globo de neve cheio de pensamentos, imagens, memórias e sentimentos rudimentares, são os ventos da energia e do egoísmo internos – analisando, avaliando, puxando e empurrando a seu bel-prazer – que o chacoalham e mantêm a tempestade em movimento, ocultando a paisagem interna. Deixe o globo de neve do seu coração e da sua mente se assentar através do relaxamento, respirando profundamente algumas vezes e aliviando-se de toda tensão, preocupação e problemas que você estiver carregando – pelo menos por enquanto. Deixe a brisa gentil levá-los embora como as ondas do oceano, como uma cachoeira lavando seu coração, sua mente e seu espírito, deixando-os limpos, puros e reluzentes.

Agora volte os holofotes para dentro de você. Repouse despreocupadamente no estado natural inato de liberdade. Repare nos espaços entre os pensamentos, sob os pensamentos – a mente preconceitual – enquanto tudo se assenta e desacelera e a claridade e a paz interior emergem. Descanse na origem de todas as coisas, na madrugada da criação, anterior a quaisquer desejos, vontades e necessidades que jorrem do ser e ainda assim pronta para acolhê-los. Sem suprimir nem ceder a nada, livre de ser arrastado pelas correntes do pensamento discursivo. Repouse, torne-se, seja. Nada mais é preciso.

Vai levar um tempo até que você atinja esse ponto interno de pura calma e quietude, o centro de repouso da roda deste universo, ou do seu universo, mas garanto a você que ele está aí, aqui, agora e sempre.

Concentre-se

Se você tem praticado os exercícios de "Momentos de Atenção Plena" e as meditações de "Pausa para Reflexão", já entendeu que a concentração é a chave para repousar a mente, desacelerar, acalmar-se, acabar com a neblina mental, observar seus pensamentos e sentimentos e, por fim, administrar o tempo com sabedoria. Estamos aprendendo através da disciplina de esforço concentrado que o encarregado de sua própria mente é você, e não todas aquelas distrações, ímpetos e hábitos inconscientes que talvez estivessem tomando as rédeas.

Com a prática da concentração básica, prestamos atenção em uma única coisa por um período predeterminado de tempo — um só objeto de atenção, como uma palavra, uma sílaba, uma imagem, a chama de uma vela, a respiração — excluindo tudo o mais. Esse é o tipo de meditação que muitos de nós aprendemos pela primeira vez na década de 1960. A Meditação Transcendental — focar-se em um simples mantra durante vinte minutos duas vezes por dia, para acalmar e clarear a mente — era muito popular naquela época. As pessoas ainda se beneficiam da prática da MT hoje em dia. Eu acho que a *shamatha* de observar a vela, ou meditação concentrativa, é mais eficaz, prática e razoável. Tente.

PAUSA PARA REFLEXÃO

Meditação da Vela

Sente-se confortavelmente e olhe para a chama de uma vela ou uma lâmpada de baixa intensidade. Inspire e expire, mantendo o olhar tranquilamente fixo na fonte de luz. Quando a mente divagar e a atenção oscilar, simplesmente repare que isso está ocorrendo, sem julgar nem reagir. Use a "corda da atenção plena" para trazer seu foco de volta da divagação para a luz, e concentre-se total e intensamente nesse ponto único. Deixe todo o resto passar.

Não se desencoraje quando o macaco da mente – sua atenção inquieta – continuar pulando e saltando por aí, como certamente acontecerá. Simplesmente repare nessa distração, nesse lapso de atenção, e de novo traga sua atenção da divagação para focar-se unicamente na chama ou luz. Pisque quanto for necessário.

Deixe a respiração e a mente repousarem.
A calma e a claridade emergem de dentro
e descansam nessa única imagem diante de você.
Olhe para a luz.
Torne-se a luz.
Respire a luz.
Una-se com a luz.
Seja a luz.

Há muitos caminhos para a Meditação de Conexão Total na vida diária, aqueles momentos em que estamos profundamente inseridos em uma experiência de união sagrada. Eles são recursos naturais muito valiosos.

A prática concentrativa ajuda a sustentar e promover a atenção plena. Ao aumentarmos nossa capacidade de observar e entender as razões de nossas preocupações diárias e das limitações que nós mesmos nos impomos, desenvolvemos o discernimento, a sabedoria, o autoconhecimento e a compreensão. Também nos tornamos mais habilidosos e experientes em qualquer coisa que necessite de um alto grau de concentração. Tornamo-nos melhores ouvintes, motoristas, dançarinos, artistas, amantes e pais, usando melhor nosso tempo. Ao nos aprofundarmos no momento — neste momento, agora —, saboreando sua amplitude e riqueza, tornamo-nos seres humanos mais ricos e completos.

Mas como a meditação e as práticas de atenção plena conseguem desacelerar o tempo, subjugar as emoções e estimular a alegria, a compaixão, a calma e outras emoções positivas? Desde as décadas de 1930 e 1940, as pesquisas vêm mostrando que o cérebro humano produz quatro tipos de vibração:

- As Ondas Beta (13-38 hertz, uma medida de frequência do cérebro) ocorrem durante o pensamento ativo e a solução de problemas.
- As Ondas Alfa (8-12 hertz) acontecem durante o relaxamento e a calma.
- As Ondas Teta (4-7 hertz) correspondem ao sono, ao relaxamento profundo, à hipnose e à visualização.
- As Ondas Delta (abaixo de 4 hertz) ocorrem durante o sono.

Mais recentemente, um quinto tipo — as ondas cerebrais Gama (39-100 hertz) — foi descoberto. São produzidas durante a alta atividade mental e na consolidação de informações. Estão presentes quando acordamos e durante o sono REM (Movimento Rápido dos Olhos), assim como em altos estados de consciência, incluindo a meditação.

Comparada à consciência ordinária, a meditação aumenta as ondas Alfa, Beta, Gama e Teta e reduz as ondas Delta. O efeito geral é o aumento da concentração, contribuindo para um padrão de atividade cerebral calmo, criativo e atento. Como vimos, a meditação também aumenta a sincronia entre os dois hemisférios cerebrais, promovendo a originalidade e fornecendo uma percepção ágil e nova.

Pé na Estrada

No Sutra (ou escritura) Satipatthana, o Buda descreve os Quatro Fundamentos da Atenção Plena. Tais ensinamentos nos lembram de estarmos atentos (1) ao nosso corpo, incluindo a postura e as sensações físicas; (2) aos nossos sentimentos e emoções; (3) aos nossos pensamentos; e (4) aos eventos e padrões mais profundos enquanto eles ocorrem, de momento em momento. Vamos pensar sobre esse Sutra da Atenção Plena no contexto de um problema moderno, como estar preso no trânsito.

As pessoas passam em média três horas de seu dia dirigindo. Para muitos, as horas passadas atrás do volante são um tempo de estresse crônico, tédio e frustração. Para aqueles que fazem o mesmo trajeto diariamente, congestionamentos, raspões e acidentes menores podem se tornar um modo de vida. Mesmo dirigir até um mercadinho próximo pode se tornar um desafio: a grande maioria dos acidentes acontece perto de casa, em ruas familiares mas movimentadas. Mandar um

SMS enquanto dirige está superando a embriaguez como maior causa de acidentes de trânsito.

Imagine que você é um desses motoristas destrutivos, preso no trânsito mais uma vez — certamente uma das situações mais frustrantes, na qual você sente que seu tempo está sendo desperdiçado. Se você desviar sua atenção do fato de estar se sentindo encurralado e impotente, conseguirá enxergar uma oportunidade para a meditação de atenção plena, assim como um modo muito diferente de viver o momento. Esse é um clássico estado de *bardo*, palavra tibetana que significa um estado intermediário — entre a morte e o renascimento, por exemplo, ou entre um pensamento e outro. O *bardo* é uma oportunidade para o trabalho interior, o despertar e a transformação.

Comece direcionando sua atenção para cada detalhe, de momento a momento. Em vez de desejar que você estivesse em algum outro lugar, observe os carros à sua volta, a oscilação entre o parar e o andar no trânsito, o cheiro do ar de verão entrando pela janela ou o aquecedor que o mantém quente no inverno, e também o estado do seu próprio humor. Repare que, na verdade, você está sentado em seu carro e não só "indo para algum lugar". Sinta o assento sob suas coxas e nádegas. Repare se seu corpo sente fome, dor, tensão, ansiedade ou relaxamento. Repare se você está irritado por estar preso em um congestionamento ou se você está aflito com outros aspectos da sua vida; se você está alerta ou sonolento. Repare no seu nariz e no jeito com que seus dedos dos pés se adaptam aos seus sapatos. Repare nos detalhes das pessoas nos carros à sua volta — se elas parecem felizes, entediadas, preocupadas ou calmas.

Repare no dia ensolarado ou nublado, no som dos carros acelerando, no helicóptero da polícia zumbindo lá em cima, talvez no canto de um pássaro. Repare na corrente de pensamentos e emoções fluindo em você enquanto você observa a cena mudando ao seu redor. Repare se você está impaciente e nervoso com tanta perda de tempo e repare no que outros motoristas e passageiros parecem estar sentindo. Repare se você sente empatia com eles (a desgraça adora companhia) ou ressentimento, inveja, pena ou alguma outra emoção. Repare se sua empatia, compreensão ou compaixão crescem ou diminuem enquanto você entra sem esforço na Meditação de Conexão Total.

Repare nisso tudo com a mente vigilante e alerta, mas tente se manter alheio a tudo. Todas as coisas são pequenas e nenhuma delas merece a nossa preocupação. Elas são somente os restos e o refugo de experiências cruas e indiretas. Deixe estar, deixe tudo passar.

Repare nas coisas grandes: a trajetória de sua vida; a longa e sinuosa estrada do tempo. Imagine que tipo de *insight* poderia transformar a experiência de ficar preso no trânsito, aqui e agora, em um dos mais memoráveis momentos de sua vida.

E adivinhe? Enquanto você ocupou sua mente reparando em todas essas coisas, o tempo desacelerou e até desapareceu. Você se sente calmo e seguro, aceitando graciosamente as coisas como elas são. Talvez você tenha até mesmo evitado um acidente pelo fato de ter praticado a meditação todo aquele tempo. Mais importante, você aproveitou a oportunidade de ficar significativamente comprometido com o que estava fazendo. Passou do estado vegetativo para o meditativo.

Cada momento, cada minuto, cada hora, dia ou noite lhe dá tal oportunidade. Se refletirmos sobre esse contínuo fluxo de impermanência em nossa vida, podemos afrouxar o laço que nossas ideias e fixações usam para nos segurar e fluir mais facilmente com a natureza sonhadora e insubstancial, porém miraculosa, de como as coisas realmente são. O trânsito anda ou para. Tudo é transitório e nenhuma condição permanece.

Eu tenho outra história de trânsito que ilustra os benefícios de se administrar o tempo com sabedoria. Eu estava tentando chegar ao meu estúdio num dia quente de verão e o trânsito tinha começado a rastejar. Eu estava ansioso, pensando em minha lista de coisas para fazer, mas então decidi entrar em um lugar mais produtivo dentro de mim mesmo. Comecei simplesmente a reparar nas coisas. Reparei que toda a minha perna direita e o meu pé estavam tensos no pedal. Reparei em como minhas mãos estavam agarradas ao volante e me perguntei de onde vinha toda aquela tensão. De repente me ocorreu: aquelas eram as mãos da minha mãe agarrando o volante e sua voz na minha cabeça. Lembrei-me de que, quando eu era criança, ela sempre se preocupava por estar atrasada, tentando extrair todo o possível de tudo. Aquela atitude não era minha de modo algum, mas aquela voz havia se tornado habitual em minha cabeça.

Então eu disse para mim mesmo: "Relaxa, mamãe!". Respirei profundamente algumas vezes, meus ombros relaxaram e voltei a ter equilíbrio. Voltei a ver-me sentado no carro, dirigindo, em vez de me chicotear como um cavalo de corrida para passar o mais rápido possível pela linha de chegada. Uma onda de compaixão por minha mãe (e por mim mesmo), assim como por todos os pais e filhos, me atingiu naquele instante. Esqueci quem eu era, onde estava e para onde ia. Desfazendo-me de tudo, voltei a ser eu mesmo. E quando cheguei no estúdio, tive uma sessão especialmente produtiva.

"Direção Correta" pode ser uma adaptação moderna da exortação de Buda para a Atenção Plena Correta, parte de seu Nobre Caminho Óctuplo — que alguns comentaristas têm chamado de "o plano de negócios mais antigo e bem-sucedido da história". Seus oito passos são:

1. COMPREENSÃO CORRETA: ver as coisas claramente tal como são.

2. INTENÇÃO CORRETA: entender o princípio da causalidade, causa e efeito, interconexão, impermanência, subjetividade e altruísmo.

3. FALA CORRETA: usar palavras verdadeiras, apropriadas à situação, gentis, úteis, não violentas, e que conduzam ao bem maior.

4. AÇÃO CORRETA: atos congruentes com os preceitos básicos do budismo no que diz respeito ao cuidado com a vida e à abstenção de mentir e roubar, de toda conduta sexual imprópria e do consumo de substâncias que causem a perda da razão.

5. MEIO DE VIDA CORRETO: dedicar-se a trabalhos honestos que não causem mal a ninguém e que beneficiem as pessoas assim como a você mesmo; viver e não somente ganhar a vida; achar sua verdadeira vocação.

6. ESFORÇO CORRETO: esforço equilibrado, zelo, energia, perseverança e entusiasmo alegre.

7. ATENÇÃO PLENA CORRETA: presença alerta da mente e atenção às experiências do momento presente, externas e internas, sem julgamento ou manipulação.

8. CONCENTRAÇÃO CORRETA: concentrar-se na tarefa à mão, dando ênfase especial ao que no fim das contas conduzirá à iluminação, ao despertar, à liberdade espiritual, à paz interior e à felicidade imortal.

Bom conselho para os negócios espirituais, realmente.

Apresse-se Lentamente

Da admoestação latina *Festina lente*, ou "Apresse-se devagar", e da fábula de Esopo sobre a tartaruga e a lebre, na qual "devagar se vai ao longe", à incrível dica de Hoagy Carmichael sobre jazz — "Os movimentos lentos fazem você chegar lá mais rápido" — fomos longamente instruídos a desacelerar. De acordo com Milarepa, o grande iogue e poeta tibetano do século XI, "Apressando-se lentamente, você chegará ao seu destino". Muitas coisas ficam melhores em ritmo lento, como fazer amor, saborear uma refeição deliciosa, ler um livro de que você gosta, educar crianças e andar na natureza.

Mas a pressão para acelerar e ter tudo pronto para ontem continua aumentando. Veja Tony, um advogado criminal de Nova York, de trinta e poucos anos. Fosse no tribunal, na biblioteca de Direito, na academia levantando peso ou num bar se encontrando com mulheres, ele vivia sempre em movimento. Fazendo malabarismos entre clientes, comparecendo em juízo, administrando dois smartphones, levando uma vida amorosa hiperativa, reunindo-se com seus antigos colegas de faculdade e com mais de uma dezena de parentes, Tony passava a maior parte do dia correndo de um lado para o outro. "Eu gostaria de poder me clonar", brincava ele. "Então talvez conseguisse dar conta!"

Essa agenda louca, a comida de baixa qualidade nutricional e o medo constante de ficar para trás finalmente cobraram seu preço. Tony começou a ter ataques de pânico e, depois de aparecer várias vezes no tribunal fatigado demais (e uma vez bêbado demais) para representar adequadamente seu cliente, o juiz o puniu por desacato. Mas em vez de multá-lo ou sentenciá-lo a cumprir pena na Ilha Rikers, o juiz lhe deu a opção de entrar em um programa de controle de estresse. Tony acabou comparecendo a um retiro budista em Catskills (NY), onde aprendeu a técnica de andar lentamente em vez de praticar marcha atlética. Essa técnica envolve simplesmente andar tão lentamente quanto possível para chegar onde se está indo, concentrando-se com atenção indivisa em um passo de cada vez com uma respiração a cada passo — dando pequenos passos em direção ao alinhamento de sua vida com sua visão.

Para sua surpresa, Tony, assim como a filha de meu amigo, teve a experiência de chegar aonde queria mais rápido do que quando se apressava; e, além disso, chegava desanuviado, alerta e revigorado. Nesse processo, ele descobriu o *tempo psicológico*, ou seja, como sua consciência e humor afetavam sua experiência do momento. Observava como o tempo parecia parar quando ele estava entediado ou esperando por alguém, ou parecia voar quando estava imerso em alguma atividade. Isso acontece porque o tempo é muito subjetivo. Tony aprendeu a tomar consciência das imagens, sons, cheiros e outros estímulos que encontrava, assim como de sua própria respiração, pensamentos e sentimentos, e a se sintonizar com seus próprios ritmos e necessidades de maneira adaptativa, mudando sua mente para alterar sua percepção e reação ao tempo.

Agora Tony se apressa lentamente, dando suas muitas voltas em Manhattan. Ele conheceu um novo tipo de contentamento, arranjou uma namorada firme pela primeira vez em muitos anos e faz uma pausa para alimentar os pássaros durante o almoço. O juiz ficou tão impressionado com a melhora na atitude e no comportamento de Tony que ele mesmo foi a um retiro de meditação. Talvez algum dia as artes contemplativas nos transformem o suficiente para que a sociedade como um todo se sinta mais ponderada, calma e pacífica.

Atenção Plena Diária

No começo não é fácil nos treinarmos para sermos mais observadores, reflexivos, testemunhas objetivas perfeitas. Inevitavelmente perdemos o foco e a concentração. Mas, quando isso acontece, precisamos nos lembrar gentilmente do objeto da nossa atenção. Fortaleça o músculo da reatenção plena flexionando-o repetidamente. Há uma variedade infinita de experiências que podemos ter, interiores e exteriores, ao tomarmos um banho lento e cuidadoso, ao mastigarmos cada bocado trinta ou quarenta vezes, ao observarmos com distanciamento todos os lugares em que vamos com nossa mente quando não conseguimos cair no sono. As possibilidades são limitadas somente por nossa imaginação e dedicação.

Minha inspiração pessoal para essas meditações práticas na vida diária é Saichi Asahara. Eu gostaria que mais gente hoje em dia conhecesse esse budista japonês de meados do século XIX. Sapateiro e poeta, ele disse uma vez, sobre o ato de fazer chinelos de madeira ou de couro, que com cada batida da lâmina ele estava construindo o templo de Buda na Terra Pura, a morada da iluminação. Gosto de lembrar do exemplo de atenção plena de Saichi Asahara quando estou tirando a neve, lavando a louça ou construindo uma parede ou um caminho pavimentado — cada parte do trabalho feita com consciência e alegre espírito de serviço está construindo um mundo melhor. Esse é o nosso verdadeiro trabalho.

A atenção plena pode ser praticada em qualquer lugar, a qualquer hora e por qualquer um. Aqui estão algumas maneiras práticas de começar.

Caminhada Atenta

Na próxima vez em que você for dar uma volta, liberte-se de seus amigos eletrônicos: iPod, celular e Kindle. Intensifique conscientemente sua atenção a tudo: imagens, sons, cheiros, a sensação do seu corpo avançando no caminho, a sensação de seus pés tocando o chão a cada passo. Se sua atenção começar a se desviar, pare de andar e permaneça de pé, recompondo-se tranquilamente e relembrando sua tarefa atual. Respire profundamente algumas vezes e então volte a avançar. Simplesmente ande — o cérebro arejado e irrigado alimenta o coração e a alma, avivando e fortalecendo o corpo também. Simplesmente ande, esquecendo-se de tudo e praticando o compromisso total com duas atividades: andar e respirar. Você se surpreenderá com quanto o tempo passa rapidamente quando se anda o mais lentamente possível, e com quanto você passará, aos pouco, a se sentir mais relaxado, revigorado e presente.

Junto com a meditação sentada e a recitação de mantras, andar talvez seja a forma mais conhecida de meditação. A caminhada meditativa é um exercício ou prática contemplativa e lenta em que atentamente nos observamos levantando um pé de cada vez e pousando-o novamente no solo. Numa versão mais avançada, sincronizamos a respiração com a caminhada lenta e atenta, um passo de cada vez — uma inspiração, um passo; uma expiração, um passo — repetindo o ciclo muitas vezes enquanto concentramos totalmente a atenção no que estamos fazendo.

Descanso Atento

Quando você estiver deitado, quer seja ao ar livre na grama ou num carpete, sofá, cadeira de praia, cama ou sofá-cama, não comece a cochilar instantaneamente. Ao contrário, cultive intencionalmente a atenção, conscientizando-se de seus sentimentos, sensações, percepções e pensamentos e esquecendo-se temporariamente dos outros assuntos e preocupações mentais habituais. Relaxado e à vontade, mas atento e vigilante, desfrute dessa atitude sonhadora e deixe tudo o mais ir embora. Se você realmente começar a cochilar, descobrirá que dez minutos de sono valerão por uma hora.

Audição Atenta

Um momento interno mais sutil de atenção direta pode ser cultivado (ou simplesmente percebido) durante o dia por meio de um grande número de pequenos e variados experimentos de atenção plena, mesmo no meio de outras atividades. Por exemplo:

- *Sintonize-se com sua audição:* pare, feche os olhos, respire algumas vezes e, por fim, relaxe e entre em um estado de audição profunda. Repare não somente nos sons de fora, mas também nos sons internos: os batimentos do seu coração, o pulsar do sangue em seus ouvidos, o som suave da sua respiração.
- *Sintonize-se com o seu corpo:* faça algumas respirações calmantes, relaxantes, aliviando o estresse. Depois, cerre e abra os punhos algumas vezes, alongue as solas dos pés e relaxe completamente; tranquilamente, perceba quais as sensações dominantes em seu corpo. Quaisquer que sejam elas, simplesmente "acolha-as", deixando-as ser como são, sem julgamento nem preocupação, mas observando-as com seu inocente olhar interno, livre do passado e do futuro. Simplesmente faça amizade consigo mesmo e com todas as suas experiências, de coração aberto e mente limpa. Aquele que é amigo de si mesmo é amigo de todo mundo. Quando você se torna claro, tudo se torna claro.

Se você quiser ir além, ouça os sons dentro de seu corpo; torne-se os sons; seja os sons. Sinta intuitivamente de onde eles estão vindo. Rastreie-os até sua fonte e ali se dissolva, à medida que os próprios sons desaparecem, dando lugar a uma amplitude vazia e luminosa.

Todas as percepções — imagens, fragrâncias, até mesmo pensamentos — podem ser rastreadas do mesmo modo até sua fonte, sua verdadeira morada, quando nos dispomos a ir além do horizonte da experiência pessoal e nos dissolvemos na zona de consciência pura.

Exercício Atento

Andar de bicicleta é um dos meus modos preferidos de "pagar meus pecados", como a professora de dança Gabrielle Roth diz. Por acaso existe algum objeto de atenção mais fácil do que simplesmente respirar e pedalar? No inverno uso uma bicicleta ergométrica que fica encostada num canto do porão; com o tempo bom, ando ao ar livre com minha bicicleta azul de dez marchas. Este é o segredo da meditação em ação: simplesmente faça o que você está fazendo e deixe tudo o mais para lá. Deixe tudo surgir e desaparecer e — para resumir — somente *seja*. Preste atenção suficiente para continuar praticando o exercício — no caso, pedalar e dirigir a bicicleta — e deixe o resto da consciência fluir livre e solta. Desconectado de todos os aparelhos eletrônicos, deixe a mente e o coração se assentarem enquanto o espírito se eleva, liberto das preocupações diárias. Somente respire, pedale e se eleve. Nem sequer tente chegar a algum lugar. Não deixe de continuar apesar das resistências que possam surgir e pegue o embalo de seu segundo fôlego, impulsionando você para a frente. Você verá, com surpresa, quanto sua energia vai aumentar.

Comunhão Atenta com os Animais

Os animais, em regra, vivem no Tempo do Buda. Ficar na presença deles pode nos ensinar muitas lições. Se você observar um cão pulando para apanhar um *frisbee*, vai ver o tempo desacelerar e até mesmo parar. Quando você passa algum tempo na companhia dos animais, seja com pássaros, répteis, besouros ou borboletas na natureza — qualquer das criaturas de Deus —, a experiência de comunhão pode realmente balançar sua alma e anular o tempo.

Como budista, aspiro a um modo de vida consciente, seguindo o Caminho Óctuplo. Pode ser que eu demore muitas vidas para conseguir me adaptar a todos esses sábios *direitos*. Mas quando eu via Chandi, minha linda pastora branca, avançando entre as árvores como uma criança exuberante e destemida, eu pensava: ela é *direita* sem sequer precisar tentar. Ela simplesmente *é*. Nossos bichos de

120　O Tempo do Buda

estimação nos instruem diariamente, sem palavras nem planejamento de aulas, sobre o significado da eternidade dourada, aqui e agora.

A atenção plena pode ser aplicada a qualquer atividade. Começando agora.

A Zona

Muitas pessoas trabalham melhor sob pressão — mas por quê? Talvez seja bom não ter muito tempo para deixar tudo para depois. Você já reparou como sua lista de coisas a fazer entra rapidamente em foco quando você percebe que, depois de cumpri-la, poderá tirar todo um dia de folga e ir à praia ou a um concerto, cinema ou evento de esportes? Não há nada tão produtivo, como diz o ditado, do que esperar até o último minuto para fazer alguma coisa. Benjamin Franklin, o mais sábio poupador de tempo, conhecia o segredo dessa vocação. "Se você quer que alguma coisa seja feita", ele aconselhava contraintuitivamente no *Poor Richard's Almanac*, "peça ajuda a uma pessoa ocupada."

Muitas vezes somos mais presente e prestativos quando levados ao extremo. Nossos sentidos se aguçam diante dos prazos e dos perigos ou quando ficamos tão absortos em um projeto que perdemos totalmente a noção do tempo. Nosso instinto de sobrevivência, a adrenalina e outros hormônios, bem como nosso entusiasmo apaixonado pelo tema em pauta, surgem e são a partir daí estimulados pelo choque de descobrirmos que estamos à beira do fracasso, do perigo, do desastre ou de uma crise. É essa reação natural ao perigo ou crise que instintivamente estimula nossa energia, nossos pensamentos e nossos talentos a completar o trabalho que temos em mãos, ignorando outras possíveis distrações e diversões. Não importa há quanto tempo estamos deixando tudo para depois, nossos hormônios e entusiasmo nos levam a nos concentrar em nosso trabalho. Vemos isso nos atletas o tempo todo: o gol que salva o jogo, a bola encestada no último minuto.

Entramos numa rotina de ação e as coisas fluem de tal maneira que temos a impressão de que tudo de que precisamos simplesmente se manifesta. O psicólogo especialista em criatividade Mihaly Csikszentmihalyi chama isso de "Fluxo" — o estado de espírito em que parece que concluímos tudo sem esforço e sabemos instintivamente o que precisa ser feito para alcançarmos nosso objetivo. Nos negócios e nos esportes, isso é chamado de "pico de desempenho". Todos nós já tivemos essa experiência uma hora ou outra. Mas quantos sabem como evocar esse estado de graça ou fluxo intencionalmente? Nosso Buda interior vive em constante estado de fluxo. O Buda interior está sempre acordado. Somos nós que muitas vezes adormecemos no timão da vida.

As pessoas que treinaram durante anos para se desligarem do medo e do comportamento irracional podem enfrentar um momento de vida ou morte e imediatamente saber o que fazer. Isso é chamado de "suprema presença da mente" — a capacidade de agir de maneira inteligente e rápida em uma crise.

Li a notícia sobre um homem chamado Wang Jianxin, de 52 anos, que trabalhava na construção civil na China. Foi-lhe atribuída a tarefa de cavar um fosso de quase cinco metros de profundidade. Ele foi para o trabalho somente com uma pá e um capacete de proteção. Repentinamente, a imensa parede de terra em um dos lados do fosso ruiu, soterrando-o.

A aba de seu capacete formou uma pequena bolsa de ar perto de seu rosto. Os médicos depois relataram que ele tinha aproximadamente cinco minutos de oxigênio. Como budista praticante, Wang sabia que o medo e o pânico acelerariam sua respiração. Quando mergulhou na escuridão, ele se deixou entrar em meditação concentrativa, intencionalmente acalmando seus pensamentos e sua energia e desacelerando assim a respiração e o batimento cardíaco. Ele confiou que logo seria libertado, especialmente se prolongasse sua reserva de ar dessa maneira.

A equipe levou duas horas para tirá-lo e encontrou Wang vivo e consciente! A calma e a disciplina profundas adquiridas em anos de prática meditativa salvaram sua vida.

A resposta de Wang à crise foi instantânea e automática, resultado de anos de dedicação e prática. Os praticantes de meditação experientes são treinados para reconhecer a verdade ou a realidade como elas se apresentam a cada momento. O treinamento de Wang o havia levado a um ponto de convicção absoluta. Ele conhecia sua força interior e sabia que poderia usar sua mente disciplinada para se concentrar em diminuir o ritmo de seus sistemas fisiológicos para aumentar suas chances de sobrevivência. Ao mesmo tempo, tal treinamento também o preparara para aceitar a possibilidade de uma transição pacífica para a morte.

Essa estabilidade é a essência do que chamamos de *presença*, e você também pode desenvolvê-la. Um indivíduo com presença de espírito controla seu destino, sempre, até na hora da morte.

O código dos guerreiros samurais do zen-budismo trata cada momento como se fosse um assunto de vida ou morte. Se treinarmos para a vida como uma permanente emergência espiritual, poderemos sentir quanto é urgente prestarmos atenção, vivermos no aqui e agora e praticarmos o que eu chamo de *apreciação* — empenhar-se em tratar a tudo e a todos como seres divinos, únicos e extraordinários, com gratidão e estima. Saberemos como responder às questões que nos preocupam: Se eu perder um ente querido, como lidarei com isso? Se eu tiver uma doença crônica, de onde tirarei a força para continuar? Se o carro derrapar em uma pista molhada, saberei o que fazer? Se a casa pegar fogo e eu perder tudo, conseguirei seguir em frente?

Estar Totalmente Presente

Existem duas práticas, uma formal e outra informal, que me comprometo em fazer todos os dias para desenvolver minha consciência e aproveitar ao máximo meu tempo, minha energia e meu potencial.

Primeiro, todo dia reservo um tempo para fazer uma sessão formal de meditação. Geralmente medito sentado, mas às vezes medito caminhando, de pé ou contemplando o jardim ou uma paisagem natural — especialmente se estou viajando. Com essas práticas, estou cultivando a *presença atenta*. Não estou tentando formular ou criar nada, imaginar ou visualizar nada, nem chegar a algum lugar.

Segundo, durante o dia me comprometo a corresponder inteiramente ao que precisa ser feito, dando 100% de minha atenção e energia o melhor que puder, mas ao mesmo tempo sem fazer mais do que é necessário ou exigido. Quando estou no carro, simplesmente dirijo e minimizo todas as distrações.

Ao dar tudo de mim nesses dois aspectos do meu dia, também me liberto de ambos quando chego ao fim do dia. Estou satisfeito, me desapego de tudo e sigo em frente. É essa, essencialmente, a arte sagrada e prática da presença — integrar na neblina turva da vida diária a luz clara de estar totalmente presente.

As chaves são o foco e o compromisso completos com tudo aquilo para o qual nossa mente e nosso coração se voltam. Muitos de nós rastejam ou correm pela vida de modo mecânico e inconsciente e não estão muito *presentes* na maior parte dela. O cultivo da consciência atenta de nossos pensamentos, sentimentos e ações, bem como a aceitação da lei do karma — ação e reação balanceadas — são caminhos para se manter um alto nível de atenção e clareza.

Já Estamos Lá

Ao reservar mesmo que um curto momento de atenção plena para a descoberta, você pode abrir espaço para respirar em um dia claustrofóbico e se energizar com o frescor e a atualidade da experiência. Você pode praticar a presença até criar sua própria zona de hiperatenção. Então, quando estiver nessa zona, você ficará suspenso no tempo como um grande pássaro voando lá no alto — vendo tudo de cima, livre.

Exemplos de presença podem ser encontrados nas artes zen, entre as quais a arte dos arranjos de flores, arco e flecha, a arte da espada, a poesia haiku, a pintura, o teatro Nô, a cerimônia do chá, a jardinagem e a manutenção de motocicletas. O grande espadachim medieval Miyamoto Musashi também praticou a pintura, a escultura e a caligrafia zen em seus últimos anos. Um de seus trabalhos é uma pintura *sumi-ê* (nanquim aplicado com pincel sobre papel) de um pássaro num galho de árvore. Com o mais simples dos gestos — um *borrão*: o pássaro; um *traço*: o galho — cria-se uma das pequenas criaturas de Deus, pronta para voar para fora da página.

Os estudantes das artes zen praticam muitas e muitas vezes até que o ego preocupado e distraído deixe de se pôr como obstáculo e a essência pura comece a fluir em uma expressão livre e espontânea. Esse tipo de criação se manifesta sem ego e sem esforço. O talentoso mestre zen não precisa de ajuda, pois cada momento é criativamente fértil e chamativo. Ele se encontra no início da criação, vivendo no tempo sem estar preso aos seus limites.

Nós também podemos aprender a viver dessa maneira — e a viver verdadeiramente em vez de simplesmente nascer, envelhecer e morrer. Essa é a base para o antigo ensinamento de tratar cada momento como se fosse o último. Esse é o poder da presença. Por meio da desaceleração, de sermos mais conscientes, de cultivarmos a arte do silêncio, aprendemos a usar o tempo com sabedoria e a ficarmos mais firmes e fortes a cada momento. Iluminando a nós mesmos, abrimo-nos para horizontes infinitos de consciência e aprendemos a criar espaço para a realização e para *insights* transformadores em níveis cada vez mais profundos.

No próximo capítulo, vamos explorar outras abordagens para dominar o fluxo do tempo, especialmente através da expansão e contração do tempo de acordo com nossos desejos e necessidades pessoais, assim como pela variação do ritmo. Nesse próximo passo para viver no Tempo do Buda, você vai descobrir uma vida mais radiante e mais ampla.

Capítulo 6

CRIE ESPAÇO NO RITMO CERTO

A cada momento, temos mais possibilidades do que conseguimos perceber.

— Thich Nhat Hanh

Phil, que geralmente traz minhas entregas do Sedex, seguia a mesma rotina todos os dias. Acordava quando ainda estava escuro, carregava seu caminhão e ficava na estrada a maior parte da manhã e do começo da tarde, fazendo entregas. Sua rota era previsível como um relógio e ele via as mesmas pessoas, os mesmos cães e o mesmo congestionamento de trânsito dia após dia. Para compensar, ele ficou viciado em hip-hop, rádio e outras distrações auditivas. "O tédio era entorpecedor", admitia ele. "A cada dia eu só ficava esperando que meu turno acabasse para que minha vida real pudesse começar."

Sugeri a Phil que abaixasse o volume do rádio e abrisse os olhos e os ouvidos para a natureza em torno dele. Expliquei que em vez de se obrigar a suportar o tédio, o que fazia o dia parecer interminável, ele poderia achar algo que despertasse seu interesse. Ele disse que tentaria. Assim, ele arranjou alguns DVDs e livros sobre observação de pássaros e rapidamente se tornou um entusiasta da ornitologia.

Alguns meses depois, ele me disse: "Eu literalmente acordo com os pássaros, então foi fácil tirar vantagem da sincronia. Comecei com o gaio-azul, o cardeal, o falcão-de-cauda-vermelha e variedades comuns de pardais e pássaros canoros.

Recentemente vi um falcão-peregrino, e fiquei tão entusiasmado quando avistei um maçarico-marmóreo que derrubei meus pacotes! Por sorte eles não estavam marcados como frágeis! Ainda assim, tirei uma foto."

Ele me mostrou com orgulho uma foto do raro maçarico-marmóreo tirada com seu celular, junto com dezenas de outras fotos de pássaros. "As pessoas não gostam que o entregador tire fotos em seu jardim", ele reconheceu, encabulado. "Mas, quando eu pego o celular, eles pensam que é por causa do trabalho. E, de certo modo, é isso mesmo!"

Agora, em vez de esperar avidamente a hora de bater o ponto a cada fim de tarde, Phil passa o dia satisfeito, tirando fotos, ouvindo o canto dos pássaros e memorizando os versos de *A Conferência dos Pássaros*, um clássico sufi do século XII que ele passou a amar. Nada mudou em sua rota nem na rotina de entregar encomendas; mas, com o novo interesse, seu dia se transformou e ele adquiriu uma nova perspectiva. Seu tempo agora é sua propriedade.

Phil descobriu um segredo valioso: se quisermos fazer as pazes com o tempo para que o dia não pareça opressivamente corrido nem vagarosamente glacial, precisamos *criar espaço no ritmo certo* — despertarmo-nos fazendo algo diferente, que nos transfira para outro modo de ser. Neste capítulo você vai aprender como.

Vamos começar examinando algo que desperdiça muito do nosso tempo: agradar demais aos outros.

O Tipo Certo de Compaixão

Muitas vezes gastamos nosso tempo e energia para atender as exigências urgentes feitas pela família e pelos amigos, de vez em quando pelos vizinhos e colegas de trabalho e até mesmo por desconhecidos. Em geral, temos prazer em ajudar se podemos encaixar seus pedidos em nossa agenda ocupada e em nosso orçamento apertado. Levar algo ao correio? Dar uma carona para alguém até o aeroporto? "Sem problemas", respondemos alegremente. A Regra de Ouro — "Trate os outros como gostaria de ser tratado" — não é somente um mandamento espiritual gravado em nossa psique, mas também um conselho bom e prático. Os outros muitas vezes nos pagam na mesma moeda pelas boas ações que lhes prestamos. Contanto que nenhuma das partes tire vantagem injustamente, essa troca implícita funciona.

O problema surge quando há um desequilíbrio entre as partes ou alguém acha que você "está lhe devendo uma". Quando o ato de conceder fica unilateral, se torna nossa incumbência remediar a situação. Caso contrário, causaremos sofrimento aos outros se formos negligentes ou sofreremos como resultado da negligência deles. O círculo vicioso pode abrir caminho para ressentimentos, raiva e desentendimentos futuros. Porém, existem maneiras de reequilibrar a balança quando você sentir que está dando demais.

MOMENTOS DE ATENÇÃO PLENA

Isso Merece a sua Atenção?

Você não estará fazendo um favor a ninguém se concordar com exigências desmedidas e incoerentes sobre seu tempo, sua energia ou seus recursos. Os budistas têm um ótimo nome para o ato de atender às exigências incoerentes dos outros: Compaixão Idiota. Você tem que saber quando dizer "não"; isto é conhecido no budismo como Compaixão Colérica. Às vezes você tem que impor um limite, mas quando e como? Aqui estão algumas diretrizes para você criar espaço, retomando a posse do seu próprio tempo:

1. Você é saudável e forte o suficiente para fazer o que foi pedido? Se sua saúde física, emocional ou espiritual é insuficiente ou inadequada para a tarefa, já é o bastante para excluir a possibilidade. Se alguém precisa de carona para algum lugar ou quer que você ajude a fazer uma mudança e você está se sentindo esgotado, fale para a pessoa que você não está muito bem, que você sente muito mas não está a fim. Do mesmo modo, se o clima torna difícil ou perigoso fazer um favor para alguém, desista. Mantenha fronteiras e expectativas saudáveis. Não está escrito em lugar nenhum que você tem que ser um herói. E, como já aprendemos, a compaixão começa com você mesmo.
2. A exigência de seu tempo é razoável? Em outras palavras, é clara, concisa e limitada? Não necessariamente você quer se comprometer com uma tarefa vaga ou sem fim, como cuidar do filho de alguém cada vez que os pais se enrolarem em alguma coisa. Não se envergonhe de procurar saber clara e especificamente o que você terá de fazer, quanto tempo isso vai levar e quem vai pagar pelas despesas que surgirem, como o combustível.
3. A tarefa é insignificante? Isso pode ser traiçoeiro, porque o que é insignificante para você pode parecer vital para outra pessoa. Mas se o que está sendo pedido

é que você faça o papel de motorista, cuidador ou mãe para que a outra pessoa possa fugir de suas responsabilidades – por exemplo, se um adolescente pede que você o leve para uma festa para que ele possa ficar bêbado ou drogado –, cabe a você impor limites. Isso se torna um exercício para distinguir o ego do Si Mesmo e diferenciar o tempo pequeno, ordinário e sequencial do Tempo maior, cíclico ou atemporal, tendo em mente o todo e as consequências a longo prazo.

Se esses critérios estiverem sendo atendidos, dê absolutamente tudo de seu tempo, sua energia, seu apoio, seu encorajamento, sua ajuda e seu amor. Mas se não, recue. Ache uma maneira de falar um "Não, obrigado" construtivo e afirmativo em resposta ao pedido. No caso de uma criança, um amigo ou outra pessoa com quem você tenha uma relação próxima e interdependente ou de custódia, explique claramente por qual motivo a atividade proposta não é do seu interesse ou do deles e recuse gentilmente, talvez acrescentando as palavras "por enquanto". No caso de se tratar de uma pessoa briguenta, agressiva ou dependente, evite discussões desagradáveis que sugariam mais a sua energia. Simplesmente recolha-se para uma posição superior e inacessível ou mantenha a distância física e/ou emocional. Diga sim para o Si Mesmo ao gentilmente dizer não às exigências e expectativas irracionais.

Por que deixar noções simplistas ou desencaminhadas de compaixão levarem você a ser um figurante na novela ou fantasia de alguém? Não se sinta obrigado a responder a ligações, e-mails ou *tweets* incômodos. Preserve sua integridade e tranquilidade. Se quiser, você pode rezar ou meditar pelo bem-estar dessas pessoas, mandando-lhes pensamentos de compaixão e boas energias.

Quando se fazem muitas exigências à nossa atenção, isso não somente drena nossa energia vital, como também, no caso de se tratarem de energias negativas ou inúteis, podemos realmente nos sentir enfraquecidos pelos efeitos. No budismo, "vazamento" é uma das variações da palavra que é geralmente traduzida como "mácula" — um conceito-chave que abarca a cobiça, o ódio, a ignorância, o orgulho e a inveja. O próprio Buda os diagnosticou como os "cinco venenos da mente" que destroem nossa harmonia, nossa paz, nossa integridade e nosso bem-estar. Os vazamentos ou distúrbios em nosso campo de energia obscurecem o Sol da luz clara dentro de nós. É preciso foco, clareza, intenção e limites saudáveis para conservar e canalizar com inteligência nossos recursos internos. O amor gentil e paciente é uma das melhores formas de proteção.

Os cientistas acreditavam que temos um número finito de células cerebrais e que a amplitude da nossa atenção é limitada. Mas um estudo de 2007 dirigido por Richard Davidson na Universidade de Wisconsin, no qual pesquisadores monitoraram por três meses pessoas que meditavam, demonstrou nos praticantes de meditação uma habilidade até então cientificamente desconhecida de desacelerar, de aumentar notavelmente sua amplitude de atenção e de localizar e enfocar rapidamente vários objetos diferentes. Descobriu-se que a meditação budista tibetana é uma ferramenta fundamental para conservar a energia, aumentar a atenção e intensificar a felicidade.

Em uma emergência ou crise, a prática regular de meditação — até mesmo o simples exercício "Respire, Sorria, Relaxe" que mostrei no Capítulo 1 — pode ajudar a nos recobrarmos e a reconcentrar nossa energia e atenção. Ao aprendermos isso, impedimos que o reservatório de vitalidade que nos foi dado ao nascer seja continuamente drenado. A meditação e a atenção plena consciente mantêm o reservatório sempre cheio.

Vamos ver como isso se traduz na vida real. Por ser corretora de imóveis em uma área metropolitana, Karen estava sempre em movimento. Com medo de perder uma oportunidade, sentia-se obrigada a estar sempre disponível, mesmo quando deveria estar em casa cuidando de seus dois filhos em idade escolar. "Eu me sentia como uma escrava do trabalho", explicou ela. "Sou boa para lidar com as pessoas, mas ter que sair para mostrar uma propriedade na hora em que o cliente bem entendesse se tornou uma dor de cabeça crônica. E quando eu voltava, as crianças ou Jason, meu marido, monopolizavam minha energia. Eu não tinha tempo para mim mesma."

Além dos exercícios budistas básicos de respiração e de centralização, sugeri que Karen achasse um espaço de meditação na cidade aonde ela pudesse ir entre um compromisso e outro. "Sei exatamente o lugar", ela exclamou, contentíssima com minha sugestão.

Alguns meses depois, quando a vi novamente, Karen contou que havia um lugar maravilhoso de que ela gostava num parque no centro da cidade: "Há uma ponte minúscula que cruza o rio e uma pequena cachoeira que leva para a ravina. É um daqueles lugares que parecem uma pintura. Mas por ser fora do caminho normal, nunca está cheio."

Não somente Karen faz pausas frequentes em sua agenda agitada para visitar esse pequeno oásis de paz e tranquilidade como também leva alguns clientes lá. "Pelo fato de esse lugar me renovar, ele faz com que eu use meu tempo mais produtivamente", ela disse. "Outro dia mesmo, o casal que estava comigo ficou dividido entre viver no campo ou na cidade. Mas, depois que eu os levei ao meu lugar especial, a apenas dez minutos do condomínio que eu lhes estava mostrando, eles decidiram comprar uma casa nesse condomínio no mesmo instante."

É impressionante o quanto pode ser bom desacelerar e prestar atenção. Pense nos pequenos intervalos que você pode fazer de quando em quando, assim como Karen, para ajudá-lo a ver as coisas claramente e se conectar mais com a natureza e com as outras pessoas.

A Arte e a Ciência de Esperar na Fila

Muitos sentem que a vida diária é uma corrida contra o relógio e que ela fica mais estressante com os constantes atrasos, interrupções, obstáculos e acontecimentos imprevistos que estorvam nossa agenda cheia. Quando enfrentamos situações como essa, a vida se torna *muito lenta*.

Como lidar conscientemente com o fato de esperar na fila do banco, do restaurante, do mercado ou do consultório médico? O que podemos fazer quando a secretária eletrônica nos coloca em espera? Ou quando o tempo muda e todos os voos do aeroporto são adiados ou cancelados? Empresas e indivíduos inventaram diversas maneiras criativas de impedir que o tempo pareça interminável.

Na antiga União Soviética, as pessoas tinham que ficar por horas na fila para comprar qualquer coisa, de uma escova de dentes a um televisor. Geralmente havia uma fila para pagar, uma para um escrevente mandar um pedido ao estoque e outra para receber o pedido. Muitos tiravam vantagem do tempo ocioso para ler romances, poesia ou textos de história da arte. Resultado: os russos, no geral, são extremamente cultos e estudados. Eles também formavam redes sociais, conhecendo um ao outro, guardando lugar na fila quando alguém tinha outras incumbências. A mesma coisa acontece nos Estados Unidos com os adolescentes que acampam por 24 horas para conseguir entradas para um *show* ou com os clientes que fazem fila durante a noite do lado de fora de uma loja de departamentos, como, por exemplo, a Macy's na Black Friday, ou ainda com fãs de esporte na tentativa de conseguir ingressos para a final do campeonato. Em muitos casos, a espera se transforma em uma aventura mais satisfatória que o seu propósito original. Pode até mesmo levar a uma nova relação romântica ou comercial.

Os hotéis, restaurantes e outros fornecedores de serviços compreenderam há muito tempo que, se um cliente espera certo nível de serviço e percebe que o serviço recebido é melhor que o esperado, vai sair satisfeito. Um dos segredos dos restaurantes da moda é acrescentar de dez a quinze minutos ao tempo de espera que eles dizem que os clientes terão de aguardar. Quando uma mesa fica disponível antes do previsto, os clientes ficam satisfeitos e começam a refeição impressionados pelo serviço eficiente e pela atenção pessoal. Outra técnica-chave que as empresas usam para aliviar o tédio que surge de um súbito período de espera é preenchê-lo com uma atividade interativa. Colocando espelhos na área de espera dos elevadores, um hotel descobriu que isso reduzia as reclamações sobre o longo tempo de espera: as pessoas adoram se admirar. E é divertido descobrir que o botão de "Fechar" dos elevadores é um simples placebo, criado para dar às pessoas algo para apertar enquanto esperam que as portas se fechem. Em consultórios de médicos e de dentistas, a longa espera folheando uma *National Geographic* ou *Caras* está dando lugar a passatempos mais dinâmicos, como olhar para grandes cartazes coloridos de anatomia e outros dispositivos auditivos ou visuais que permitem que os pacientes adquiram mais conhecimentos sobre o corpo humano.

No nível individual, também existem soluções criativas. Veja o caso de Christopher, funcionário de um escritório, de 29 anos de idade e morador dos arredores de Boston. Dirigir diariamente para o trabalho e pagar o estacionamento passou a consumir tanto do seu tempo e do seu dinheiro que ele optou pelo transporte público. Agora, em vez de ficar no congestionamento duas vezes por dia, ele aproveita a revigorante caminhada de quinze minutos até o ponto de ônibus. Sempre há algo novo para observar, e ele está dominando a arte de sorrir para os desconhecidos. Ultimamente, também começou a escrever haikus, os expressivos poemas zen que se originaram no Japão. Todo dia ele se esforça para escrever pelo menos um verso, destilando uma experiência, um pensamento ou um sentimento comovente ou memorável. Quando está preso na fila do banco ou do barbeiro, a experiência de observar com toda a atenção o que está acontecendo ao seu redor se torna alimento para sua imaginação. A viagem de ida e volta para o trabalho costumava ser uma perda de tempo para Christopher, ou assim lhe parecia. Agora ele achou uma ocupação criativa que faz com que anseie por ela.

Se você dominar a arte perdida de esperar, vai se tornar amigo do tempo e ficará menos entediado, irritado e incomodado. O hábito de viver no momento eterno vai ultrapassar suas maiores expectativas. Esse é o exuberante Tao do Agora, o Caminho do Presente.

Aqui estão algumas outras dicas práticas de espera que vão colocar você — e não o relógio — no comando:

1. PEGUE A FILA MAIS LONGA PARA O CAIXA. Desse modo, você não vai se decepcionar. E, para sua surpresa, poderá descobrir que essa fila avança mais rápido que as outras ao seu redor. Sorria para os clientes frustrados (que você também costumava ser!) que entraram na fila mais curta. Ao simplesmente pegar a fila mais longa, você pode transformar a atmosfera do lugar, diminuir o ritmo e mudar a percepção de tempo das pessoas.

2. FAÇA UMA INVOCAÇÃO SILENCIOSA. Entoe *"Om mani padme hum"*, o principal mantra budista tibetano, ou alguma outra invocação calma e pacífica, para confortar sua mente e seu espírito e centralizá-los novamente. Ou memorize e relembre seus poemas favoritos.

3. DESCUBRA O ESPAÇO AO SEU REDOR — o ritmo dos sons, a textura do ambiente, as vozes e os movimentos das pessoas que vão e vêm ao seu redor. Não rotule. Simplesmente relaxe dentro do tempo e absorva tudo.

4. FAÇA O SHUNI MUDRA, JUNTANDO AS PONTAS DO POLEGAR E DO DEDO MÉDIO EM CADA MÃO. Este é um clássico gesto das mãos, ou meditação silenciosa, para cultivar a paciência. Esses dedos são associados com o meridiano do pulmão e com o meridiano que governa o coração, respectivamente, e vão harmonizar sua respiração, sua circulação e o fluxo de energia Chi. Isso funciona em qualquer lugar, a qualquer hora: na fila, ao discutir com seu cônjuge, ao encontrar com seu chefe ou ao voar para o outro lado do país.

A vida é cheia de surpresas e decepções, atrasos e interrupções. O mero fato de precisarmos esperar de tempos em tempos não significa que temos que colocar em modo de espera nossa atenção plena, nosso bom humor e nossa gentileza. Enquanto você está esperando que alguma outra coisa aconteça, sua vida ainda é sua vida.

Cultivando o Silêncio

Outro modo de encontrarmos tempo dentro do tempo é desenvolvendo a relação correta com o silêncio. Para muitas pessoas, o silêncio pode ser desconfortável. O eu pequeno se sente nu e exposto, ansioso, improdutivo, com medo ou entediado. O barulho é um modo de encobrir a consciência de si mesmo. Falamos rápido quando estamos nervosos. Aumentamos o volume da música para que nossos convidados não fiquem entediados quando estamos sem assunto.

Nosso mundo se tornou tão cheio de barulhos e outras formas de estímulos sensoriais que é cada vez mais difícil encontrar lugares para onde podemos nos retirar, mesmo por alguns instantes, e não ter nenhum sinal auditivo do nosso mundo tecnológico. Mesmo nas ocupações mundanas, como levar o lixo para fora, usar aparelhos de ginástica ou sair para dar uma volta, não nos sentimos à vontade para deixar nossa mente divagar ou ficar a sós com nossos pensamentos. Muitas vezes elas se tornam ocasiões para colocarmos o fone de ouvido e ouvirmos músicas, notícias, podcasts ou audiolivros — ou mantermos uma conversa eletrônica.

Quando se trata de mudar o ritmo atarefado da vida, o primeiro passo é nos dar um pouco de silêncio. Respire; faça uma pausa. Com o silêncio e a respiração relaxada, automaticamente desaceleramos.

Lembro-me de uma vez, em meados da década de 1970, quando meus pais vieram de Long Island para me visitar em Woodstock, Nova York. Naquela época eu estava ajudando a fundar um mosteiro budista tibetano no alto de Meads Mountain e morava em um chalé alugado na floresta, onde antes ficava a utópica colônia artística original de Woodstock. Minha mãe de classe média estava preocupada com a possibilidade de não ter onde fazer compras naquela selva. Ela ficou muito aliviada ao saber que havia um supermercado e uma rede de farmácias na cidade, de modo que não teríamos que "caçar e coletar" para o jantar. Depois de uma noite só com o barulhinho dos grilos, ela lamentou: "Aqui é muito silencioso; estou com medo de que algo esteja errado — parece um blecaute da Segunda Guerra Mundial! Como você consegue viver aqui?". Ela havia passado a vida inteira em um ambiente urbano ou suburbano, e a ausência de todo ruído de fundo a incomodava.

Cada vez mais é esse o caso de todos nós: mesmo quando tentamos criar o silêncio, temos que desligar algum tipo de som artificial. Quantas pessoas hoje em dia não deixam a TV ou o rádio ligados o dia todo para não se sentirem solitários ou não terem que lidar com a ausência de som?

Pense em quando acaba a energia elétrica: nada de zunido do refrigerador, chiado do disco rígido, rangido da máquina de lavar roupas ou som do aquecedor ou do ar-condicionado. É interessante que, em retiros de meditação longos — de um a três meses ou mais —, as pessoas geralmente dizem que é muito mais difícil se desligar de sua vida diária para ir até lá do que de fato estar ali. Por mais que temam as longas horas e o silêncio e sintam saudades dos entes queridos e dos passatempos favoritos, elas geralmente dizem que não querem ir embora e voltar para o movimento, o barulho e a banalidade de sua vida cotidiana.

Como eu já disse, os budistas geralmente praticam o Nobre Silêncio, ou Silêncio Amoroso, em retiros intensivos de meditação. Mesmo em grupo, estamos sozinhos conosco mesmos e com nossa prática de atenção plena e contemplação da impermanência, da interconexão, da bondade e da abnegação. Na roda de partilha que realizamos no final dos retiros semanais, os alunos novos comumente dizem que o que eles mais temiam era a ideia de ficar em silêncio o tempo todo. Mas geralmente essa se revela a melhor parte do retiro para eles, um verdadeiro alívio, por não terem precisado fazer contatos sociais e se preocupar em manter as aparências, fingindo ser quem não são. Eles encontram paz e serenidade somente por estarem na própria pele, na sala de meditação ou de jantar, comendo silenciosamente, e sozinhos nos quartos ou na floresta.

É claro que existe um Caminho do Meio entre se tornar um monge trapista que faz um voto vitalício de silêncio e ouvir seu aparelho de MP3 o dia todo. Você pode começar a dominar seu próprio ritmo. Passamos boa parte do nosso dia somente reagindo. Como aprendemos em "Como Alcançar o seu Eu Superior", na seção "Momentos de Atenção Plena" do Capítulo 2, você não precisa responder seus e-mails imediatamente a menos que sejam urgentes. O mundo não vai desmoronar à sua volta e você realmente terá mais tempo para enfocar os problemas maiores da sua vida. Quando estiver respondendo seus e-mails, recomendo que você faça uma pausa de atenção plena antes de clicar "Enviar". Ou tente celebrar um minuto de oração silenciosa antes e depois das refeições. Esse momento de intenção contemplativa vai lhe ajudar a se afirmar e a deter o processo de instintivamente transitar entre uma coisa e outra sem consideração ou consciência.

Eu já mencionei a prática de esperar alguns momentos, respirando e relaxando, antes de atender ao toque do telefone ou da campainha. Entremear o dia com esses pequenos momentos de atenção pode ajudar a quebrar a claustrofobia de se sentir pressionado pelo tempo, deixando entrar o ar fresco da consciência do agora. Isso vai refrescar e reanimar seu espírito, despertar sua energia e aumentar sua sensação tanto de tempo quanto de espaço. É fácil passarmos grande parte de nossa vida somente reagindo aos estímulos externos que nos rodeiam. Achar oportunidades para pausar e refletir vai ajudá-lo a se fixar no momento e a se tornar mais firme na consciência e mais sintonizado com seus pensamentos e sentimentos, valores e prioridades.

Agora Todos Juntos

Um dos meus amigos e colegas de longa data é o dr. Stephan Rechtschaffen, um dos cofundadores do Omega Institute for Holistic Studies, um centro pioneiro de educação espiritual e de saúde em Rhinebeck, Nova York. Stephan, que é médico, se interessa há muito tempo pelos efeitos do estresse e fez suas próprias pesquisas sobre o ritmo da vida, compartilhando sua sabedoria em conferências e *workshops* e também no livro *Timeshifting* [*Reorientando o Tempo*], que fala sobre como modificar a nossa relação com o tempo. No livro, ele indica o fenômeno do "*embarcar*" (*entrainment*) como uma das razões de nos sentirmos tão apressados e afobados.

Uma vez que nada acontece isoladamente e nosso próprio DNA é programado para reverberar com tudo o mais no universo, temos um pendor inato pela harmonia. Se você puser dois relógios (do tipo antigo, de pêndulo) funcionando lado a lado, dentro em pouco eles estarão fazendo tique-taque em uníssono. Nós não somos diferentes dos relógios; por sermos criaturas sociais, quando andamos pela rua com alguém, subconscientemente tentamos caminhar em sincronia com o passo da outra pessoa. Quando conversamos, sincronizamos os gestos, a postura, o tom e a respiração. Nosso sistema nervoso naturalmente se sintoniza com aqueles que estão perto de nós; essa capacidade de empatia e conexão não verbal é chamada de *ressonância límbica*. Amantes e melhores amigos muitas vezes pensam as mesmas coisas e espelham os humores, as posturas e as expressões um do outro. Pais e filhos pequenos podem às vezes manifestar uma harmonia psíquica impressionante. Cães, gatos, pássaros e outros animais de estimação também absorvem facilmente nossas vibrações e podem, depois de um tempo, começar a agir e relaxar como nós fazemos, ter as mesmas manias que nós temos e até se parecerem fisicamente conosco. Estar fora de ritmo com aqueles ao nosso redor é frustrante, e inconscientemente fazemos pequenos ajustes o tempo todo para retificar qualquer descompasso.

Se todos ao seu redor estão correndo loucamente, querendo roubar seu emprego, trabalhando em horário dobrado para garantir que seus filhos entrem nas melhores faculdades, bombardeando-o com e-mails e mensagens de texto e exigindo uma resposta imediata, enfeitando sua casa, seu jardin, seu carro e várias partes de seu corpo, é mais do que certo que você se sentirá pressionado inconscientemente e começará a *embarcar* nesse ritmo hiperativo. Tente caminhar sossegado em uma rua lotada de Nova York durante a hora do *rush*. Não é fácil resistir a seguir o fluxo — que se assemelha mais a uma torrente ou inundação do que a um riacho tranquilo.

Às vezes você pensa que está administrando tudo muito bem, mas ignora aqueles sinais sutis de que está desajustado — como, por exemplo, não ser capaz de desligar o cérebro durante a noite e ter de tomar um comprimido. Se tiver sorte, quando chegarem as férias você irá para alguma ilha tropical. Depois de sete dias, finalmente *embarcará* no ritmo calmo da vida praiana. Dormirá nove ou dez horas por noite sem nenhuma ajuda de medicamentos e seu ritmo desacelerará drasticamente. Suas preocupações e aborrecimentos de trabalho estarão em grande parte esquecidos. *Por que a vida não é sempre assim?*, você se pergunta. Poderia ser! *E se eu morasse aqui? Seria possível?* Você volta para casa revigorado e determinado a cuidar de si mesmo. Sua resolução serena dura até você abrir a caixa de entrada e encontrar quinhentas mensagens urgentes, ou descobrir que o porão está inundado.

Nessas horas, em vez de procurar agir imediatamente, a melhor abordagem é parar, sentar e realmente entender o que precisa mudar. Não se deixe simplesmente seguir em piloto automático. As férias fizeram você encarar o tempo de modo diferente. Agora introduza essa prática em sua vida diária. No próximo capítulo vamos falar sobre a *pausa sagrada*. É um modo de dizer "Eu sou". É um modo de dizer "Pare". É um modo de dizer "Não" dizendo "Sim" para si mesmo. É o primeiro passo para que você não se torne uma parte do rebanho e não se conforme com as soluções frenéticas de curto prazo, as ideologias e práticas prejudiciais e outras pressões sociais à nossa volta. Você criará espaço no ritmo certo quando aprender a embarcar nos ritmos da Terra e do céu, do seu próprio relógio biológico e das pessoas que fazem o que dizem e estabelecem um exemplo claro e brilhante.

PAUSA PARA REFLEXÃO

Eu Sou Eu

Esta meditação para redução do estresse pode ser realizada enquanto você está sentado à escrivaninha, dirigindo ou caminhando – para qualquer lugar – e pode impedir que você se sinta esmagado pelas pressões, prazos e desafios da vida diária. Tenho alunos que são atores profissionais e que a recitam como um mantra antes de entrarem no palco. Ela nos centraliza rapidamente e, depois de algum tempo de prática, pode ser realizada em apenas alguns segundos.

Lembre-se/diga/reflita para si mesmo (ou em voz alta):

Eu sou eu; eu não sou eu.

Repita essa afirmação várias vezes enquanto respira vagarosa e profundamente com o abdômen.

Eu tenho sentimentos, eu não sou meus sentimentos.

Eu sou eu.

(Respiração abdominal)

Eu tenho pensamentos, eu não sou meus pensamentos.

Eu sou eu.

(Respiração abdominal)

Eu tenho sensações corporais, eu não sou minhas sensações corporais.

Eu sou eu.

(Respiração abdominal)

Então acrescente sua inquietação mais generalizada: estresse, tempo, amor, mágoa, opressão, medo, ansiedade.

Eu me sinto estressado, eu não sou meu estresse.

Eu sou eu.

(Respiração abdominal)

Eu me sinto oprimido, eu não sou minha opressão.

Eu sou eu.

(Respiração abdominal)

Eu me sinto pressionado pelo tempo, eu não sou a pressão do tempo.

Eu sou eu.

Acrescente suas emoções ou outra coisa que esteja lhe perturbando.

Eu sinto mágoa, eu não sou minha mágoa.

Eu sou eu.

Eu sinto raiva, eu não sou minha raiva.

Eu sou eu.

(Respiração abdominal)

Eu estou aqui, centralizado e livre. Sim!

Eu sinto inveja, eu não sou minha inveja.

Eu sou eu.

(Respiração abdominal)

Eu tenho preocupações, eu não sou minhas preocupações.

Eu sou eu.

Ou o corpo:

Eu sinto dores e mal-estares, eu não sou minhas dores e mal-estares.

Eu sou eu.

(Respiração abdominal)

Agora, enquanto você respira, sorri, relaxa, deixa estar e avança livre e desimpedido, entre bravamente e sem medo no palco da vida.

Visualizando a Paz

Meu amigo Bob é um empreiteiro que está sempre lidando com clientes que desejam que ele termine as reformas rápido de modo que eles possam voltar para casa. Ele tem uma ferramenta útil para se acalmar quando se sente pressionado pelo tempo e por forças que estão além do seu controle — como o clima, por exemplo, e subempreiteiros que nem sempre aparecem. Ele para seu caminhão e estaciona (ou para de andar).

"Eu imagino que estou andando de bicicleta numa trilha onde sempre passamos as férias, no Maine. Imagino-me inalando o ar puro e fresco para o fundo dos meus pulmões, sinto a brisa em minha face, o cheiro do oceano e escuto o som das gaivotas. Isso clareia minha cabeça como umas pequenas férias e me traz de volta a mim mesmo. Com a construtora, eu ganho meu sustento. Não é um caso de vida ou morte, digno de grande preocupação."

Bob tem a ideia correta. Outro modo de nos centralizar quando as pressões do tempo ameaçam nos estressar é penetrarmos em nossa energia interna. Experimente fazer este simples exercício de atenção e você vai ver do que estou falando.

1. Faça algumas respirações lentas e centralizadoras.
2. Relaxe e foque sua mente em um ponto no centro de sua mão.
3. Imagine que você está mandando a respiração diretamente para aquele ponto e que ele está se expandindo e esquentando.
4. Depois de um minuto, compare a sensação naquela mão com a da outra.
5. Descanse tranquilo e sinta delicadamente essa sensação até que ela suma.

A maior parte das pessoas que faz esse exercício tem algum tipo de sensação — calor, formigamento, pulsação ou vitalidade — no ponto onde a mente estava focada. A ciência da regeneração biológica é baseada precisamente no fato de que as pessoas podem usar a mente para direcionar a atenção a áreas específicas do corpo com o objetivo de abaixar a pressão sanguínea, desacelerar o ritmo cardíaco e diminuir a dor.

É claro que os meditadores tibetanos — monges, monjas e iogues — conhecem o poder da mente há séculos e até milênios. Veja, por exemplo, a prática de *tummo*, na qual eles cultivam a capacidade de aumentar o calor corporal a ponto de fazer derreter a neve no lugar onde estão sentados na posição do lótus.

Uma vez que tenha aprendido a se centralizar em meio às pressões do tempo e do estresse, você pode espalhar compassivamente essa sensação de relaxamento para os outros e beneficiá-los, ajudando-os a entrar em sintonia com você. Quando estiver conversando com um amigo ou colega agitado ou apressado, por exemplo, respire profundamente, conecte-se com seu Eu Superior e regule a voz e a respiração de modo calmo e rítmico. Isso permite que a outra pessoa embarque em seu ritmo mais ponderado e habilidoso e será benéfico e produtivo para os dois. Experimente e veja.

As Cinco Perfeições

No Caminho do Diamante do budismo tibetano, as Cinco Perfeições Auspiciosas (ou as Cinco Certezas) nos ensinam a despertar dentro de nós o coração-mente primordial e iluminado. Esses ensinamentos elegantes, multinivelados, purificam nossa percepção e servem como antídoto contra o fechamento, o desvio, a desatenção, a perturbação, a exaustão e o cinismo. São uma abertura para o potencial infinito inerente a cada momento. As Cinco Perfeições Auspiciosas enquadram nossa experiência em uma moldura cristalina na qual o tempo tem cinco dimensões únicas. Apontam para a dimensão absoluta, atemporal, que está ao mesmo tempo dentro e além de nós no decorrer da nossa vida.

O cultivo dessas Cinco Perfeições aumenta nossa receptividade e nossa confiança na ordem da natureza, bem como nossa fé em nosso potencial e em nós mesmos. As Cinco Perfeições intensificam o processo de aprendizado em todos os níveis, conscientes e inconscientes; facilitam a transmissão de sabedoria transcendente e maximizam os resultados transformativos pretendidos. As Cinco Perfeições clássicas são as seguintes:

1. *Tempo Perfeito.*

Este exato momento é o *momento perfeito*. Esta hora é a primeiríssima hora, fresca e pura, instante de sonho, o paraíso mais elevado. Este momento é a Era de Ouro, como durante a vida de Buda, Jesus, Maomé e outros grandes mestres, pois eles ainda estão falando conosco hoje em dia.

2. Lugar Perfeito.

Este lugar onde estamos é o lugar perfeito. Esta localização exata é o *espaço perfeito*, o paraíso, a utopia, uma mandala radiante e imaculada ou reunião de consciências superiores. O paraíso não é somente um lugar de graça e prazeres infinitos aonde vamos depois de morrer; está aqui e agora. Simplesmente abra seus olhos e contemple-o.

3. Ensinamento Perfeito.

Este é o ensinamento atemporal, o ensinamento de iluminação espontâneo, direto, derradeiro, absolutamente verdadeiro e sincero, perfeitamente libertador. Essa perfeição não é comparativa; ela simplesmente afirma que *este* é o ensinamento perfeito para aqui e agora, para aqueles que o estão ouvindo e recebendo. Isto que é, agora mesmo — não necessariamente nossa doutrina ou tradição particular, mas a verdade reluzindo neste momento. Tudo é sublime, tudo é o que é neste mesmo instante.

O ensinamento *deste momento*, qualquer que seja, é o ensinamento perfeito. Se é o canto dos pássaros ou o ruído do trânsito — é isso. Se é uma lição dura ou confusa, é isso também. Nenhum outro ensinamento deve ser procurado ou esperado; a realidade última está codificada nele aqui e agora. O Dharma nobre, a Verdade liberadora, está sendo expressado eloquentemente aqui e agora para aqueles que tenham ouvidos desobstruídos e olhos de visão pura para enxergar. O som do riacho é o som do divino; o vento nas árvores, o sopro da Deusa. Aqueles ao nosso redor são nosso *sangha*, a congregação ou comunidade sagrada de bodisatvas e buscadores.

4. Mestre Perfeito.

O Buda Absoluto (Deus, Alá ou Brahman) é o professor último, que está se manifestando aqui em várias formas e aspectos. Sua energia se expressa através de professores humanos (e, às vezes, aves, animais e outros seres não humanos) com suas limitações e fraquezas, servindo como veículos para as emanações fundamentais radiantes e brilhantes — claras como o tocar de um sino que nos desperta de um sono profundo.

5. *Discípulo Perfeito.*

Esta certeza auspiciosa é provavelmente a mais difícil, a mais desafiadora para a maioria de nós. "O quê?" — o réu interno grita. "Quem, eu? Estou longe de ser perfeito!" Mas você pode, sim, ser o canal certo para essa verdade. Esta Quinta Certeza também é chamada de "companhia perfeita", reestruturando a relação professor-aluno segundo o modelo de Buda e seus discípulos próximos (ou dos seguidores de Jesus, Maomé, Gandhi, Gandalf, Yoda ou quem quer que você respeite mais).

Uma vez, durante um retiro de meditação de três anos numa floresta do sudoeste da França, um discípulo americano disse ao nosso mestre Dudjom Rinpoche: "Rinpoche, eu entendo; o que poderia ser melhor do que isto? Este é obviamente o lugar perfeito. Este é definitivamente o lugar certo. Este é o momento certo. Este é o ensinamento correto e o senhor é o mestre perfeito. Mas eu não sinto que sou a pessoa certa". Quão honesto, quão humano e quão verdadeiro! Mesmo que possamos ter pequenas questões sobre as primeiras quatro certezas perfeitas, essa quinta é realmente difícil para a maioria de nós. Por que duvidamos de nós mesmos em tal grau?

As Cinco Perfeições apontam para a certeza interna que vai daqui para o aqui e agora. Use esse modelo para recompor sua vida, achar o sentido e a substância dela e se jogar em uma realidade mais ampla. Isso pode transfigurar completamente sua percepção, sua compreensão e sua experiência do tempo, do espaço e do significado inerente a este momento.

Isso santifica cada respiração sua, cada pensamento ou sentimento que você experimenta e cada pessoa que você encontra. As Cinco Perfeições são um ensinamento transformador, oculto mas muito fácil de encontrar a cada momento. Ao mudarmos habilidosamente o ritmo de nossa vida, podemos desfrutar de uma nova imensidão onde elas florescem. Essa alquimia interior lança o fundamento para sacralizar o tempo profano ou comum. Lembra-se do que eu disse sobre *drala* no Capítulo 1? Mesmo que persistamos na (di)visão habitual do nosso mundo em dois — o sagrado e o profano — tudo é na verdade um único mundo, um mundo completo. Quando formos capazes de vê-lo à luz da consciência radiante, poderemos transformá-lo através dos poderes mágicos da mente desperta.

No próximo capítulo, você vai aprender a criar ou formar refúgios temporais e especiais — o fundamento para exercer seus melhores esforços e realizar todo o potencial de sua vida. Você aprenderá como embarcar melhor no ritmo dos outros, como se renovar em retiros e como apreciar os poderes transformadores da música. Cada novo modo de ver nos aproxima mais de viver no Tempo do Buda.

Capítulo 7

VIVA NO TEMPO E NO ESPAÇO SAGRADOS

Agradeça pelas bênçãos desconhecidas
que já estão a caminho.

— **Ditado dos Índios Americanos**

A cada sete anos, o *designer* Stefan Sagmeister fecha seu negócio em Nova York e tira um ano sabático — um ano de ócio para revigorar a criatividade e renovar-se pessoalmente. Uma decisão ousada, ele admite, mas que o levou a aumentar a produtividade, a ter mais tempo para aproveitar a vida e a colher uma rica safra de ideias após cada período de descanso.

Sabático, como a palavra *sábado*, vem do hebraico *Shabbat*, que significa "descanso" ou "cessação". O Sabá é o sétimo dia da semana judaica e um dia de descanso no judaísmo. É uma lembrança do Gênesis, o relato bíblico de como Deus criou o Céu e a Terra em seis dias e descansou no sétimo. Também rememora a transmissão da Torá no Monte Sinai, quando Deus mandou aos antigos hebreus que observassem o sétimo dia e o guardassem como sagrado. Por que o número sete é significativo? Os antigos hebreus costumavam medir o tempo pelo calendário lunar de 28 dias, um modelo que segue os ritmos celestiais. O primeiro dia de cada mês era determinado pela visão da Lua nova. Assim, quando Deus decretou no Velho Testamento um dia de descanso após seis dias de trabalho, era para cada uma das quatro vezes em que o ciclo lunar se renova.

Hoje em dia, como discutimos no Capítulo 1, quase ninguém respeita esses ciclos naturais. Em geral, nem sequer tomamos consciência do nascer e do pôr do Sol, do crescer e do minguar da Lua e dos aspectos dos planetas. Aproveitamos ou suportamos as diversas mudanças de estação ou de clima — verão e inverno, chuva e neve, estiagem ou vento — sem muita consciência das forças dinâmicas da Terra e da sua viagem através do cosmos.

Uma das maiores lições da natureza diz respeito ao ciclo de renovação constante. Neste capítulo, vamos observar maneiras de nos renovarmos reconhecendo ou criando um tempo e um espaço sagrados. Eles são essenciais para transformarmos a nós mesmos e ao mundo onde vivemos, mantendo a energia e a vitalidade que precisamos para realizar nossos objetivos na jornada da vida e para despertar para uma realidade ampla, atemporal — uma nova visão de nós mesmos que explique por que estamos juntos neste mundo interligado.

A Pausa Sagrada é a prática de criar um momento para responder de modo mais consciente — respirando, observando, esperando e considerando as coisas objetivamente — antes de reagir. O ato de fazer a Pausa Sagrada nos dá mais espaço para respirar, espiritual e mentalmente, nos revigora e nos alinha com o estado das coisas neste exato momento. Nesse estado de atenção elevado, podemos responder de modo mais inteligente e intencional.

Tenho uma aluna chamada Melody que começou a praticar a Pausa Sagrada para lidar com sua tendência para deixar tudo para depois, que a paralisava cada vez que ela precisava terminar um relatório para seu chefe. Ela ficava obcecada pelos detalhes, se sentia sufocada pelos dados que havia coletado e tinha um "branco" quando chegava na parte de colocar seus pensamentos no papel. "Eu nunca conseguia cumprir meus prazos", Melody confessou, "e inventava mil desculpas para explicar a meu chefe o porquê de não ter terminado." Quando sua ansiedade interior e seu ruído mental se tornavam opressivos, ela me procurava para pedir orientação. Quando falávamos sobre o assunto, ela percebia que seus bloqueios eram causados por inflexíveis arrependimentos e autorrecriminações sobre o passado ("Por que não fiz mais coisas ontem?") e ansiedades sobre o futuro ("E se meu chefe não gostar disso?"). Eu a encorajei a se focar no momento presente, o nosso verdadeiro lar e refúgio natural.

Algumas pausas silenciosas várias vezes por dia com a meditação "Respire, Sorria, Relaxe" permitiram que ela se centralizasse e ficasse no presente. Seus bloqueios internos começaram a cair e agora a energia imaginativa que antes a impedia de progredir é canalizada produtivamente para seu trabalho. Geralmente não percebemos quanta energia nós gastamos para fugir e deixar tudo para depois — energia que pode ser redirecionada para conseguirmos as próprias coisas que estamos protelando. "Meu chefe ficou espantado quando entreguei meu último projeto um dia antes", Melody contou orgulhosa. "Ele até me cumprimentou por minha eficiência."

Para nos sentirmos realmente equilibrados e nutridos no fundo de nossa alma e darmos o melhor de nós, não bastam os intervalos e as pausas tranquilas e significativas que Melody aprendeu a fazer; precisamos acessar o tempo e o espaço sagrados. Quando alinhamos nosso eu pequeno, fragmentário, com o expansivo macrocosmo da natureza, recuperamos a sensação de realmente sermos uno com o Tao, com o fluxo cósmico. Nosso eu pequeno retorna ao seu verdadeiro ritmo dentro do grande contexto do nosso Si Mesmo. Essa prática nos afeta em nosso âmago e nos dá a paciência, a coragem, a energia e a disciplina de que precisamos não somente para residir no momento, para reconhecer as interligações, para aprender as lições, para alcançar objetivos e para ajudar e apoiar os outros, mas também para realizar nosso potencial humano e alcançar um estado transcendental de união e unidade.

Tempo Sagrado e Tempo Profano

Em *O Mito do Eterno Retorno*, o estudioso das religiões Mircea Eliade descreveu como as culturas antigas, e algumas culturas religiosas fortes de hoje em dia, reconhecem dois tipos de tempo: o sagrado e o profano. O tempo sagrado é celebrado nos festivais religiosos, enquanto o tempo profano é vivenciado em nossa vida comum, de todo dia. No mundo antigo, os mitos da criação de cada cultura eram representados em celebrações regulares, em ocasiões como o Ano-Novo, os solstícios e equinócios e outros dias especiais. A participação, por exemplo, no mito de como o cosmos foi formado significava sair do tempo comum, entrar no tempo sagrado e reviver o próprio processo da criação.

Na época do Império Romano, os ritos mais extremos nesses festivais, como o canibalismo e o sacrifício humano, já havia muito tinham sido abandonados. No começo dos tempos modernos, o tempo sagrado continuava a ser observado durante o Carnaval ou a Noite de Reis na Inglaterra elizabetana, quando um *Lord of Misrule* (Rei da Desordem) era consagrado como monarca por um dia e todos cantavam, festejavam, namoravam e se divertiam. Hoje em dia, o tempo sagrado ainda é observado durante o Mardi Gras, o festival colorido que precede a quaresma em Nova Orleans; o Holi, o festival religioso hindu que celebra o final do inverno, durante o qual os estudantes pintam o rosto de seus professores, fazem guerrinha de pó colorido e pregam peças; e o Eid no fim do Ramadan, o mês de jejum islâmico.

O tempo sagrado tradicionalmente marcava o recomeço da vida, a ordem nascendo do caos e as fases de perdão e renovação. O tempo comum se detém durante essas observâncias e as leis e os costumes normais da sociedade são suspensos. Danças, mímicas, contadores de histórias e peças retratam o tempo das origens. Muitas vezes, dívidas são perdoadas, prisioneiros são libertados, desafetos se reconciliam e outros assuntos inacabados são resolvidos. As diferentes camadas da sociedade podem recomeçar a vida, renovadas, descarregadas dos pecados e injustiças e do peso do passado. O tempo recomeça.

O tempo sagrado é cíclico e não linear, porque os ritmos da natureza são circulares e espiralados. O calendário tibetano que mantenho em minha mesa é cheio de anotações sobre os melhores períodos do ano para lembrarmos e honrarmos as datas de nascimento e de morte e as atividades benéficas de certos seres divinos e figuras históricas, assim como para cultivarmos pensamentos virtuosos e realizarmos atos altruístas. Em vez do calendário solar de doze meses do Ocidente, os tibetanos, assim como os antigos hebreus e muitas outras culturas atuais, continuam a organizar a vida de acordo com os ciclos da Lua.

Quando vivi na Ásia durante as décadas de 1970 e 1980, quase todos os dias algum festival era observado, fosse o da colheita, os dos ciclos do Sol e da Lua, o do equinócio, o do solstício ou o do Ano Novo tribal local, com celebrações alegres, orações, cantos, jejum e caridade, distribuindo-se alimentos para os pobres. Todos os meses, na Lua cheia, meus mestres tibetanos em Darjeeling, Bengala Ocidental, costumavam comprar peixes e aves, tartarugas e outras criaturas no mercado e soltá-las novamente na natureza. Eles acreditavam que um ponto de mudança cósmico, como a Lua cheia ou um eclipse, solstício ou equinócio, multiplicava os efeitos de suas ações de compaixão e trazia um mérito extra — aumentando seu bom karma, melhorando sua saúde e até mesmo prolongando sua vida.

Ainda que a prática da ação altruísta com o propósito de conseguir algo em troca (pontos kármicos extras) pareça algo que se faz por interesse, não há dúvida de que a generosidade é boa para a alma. Cada um colhe o que planta. Nosso bom karma aumentará imensamente se elevarmos nossa visão e abrirmos nosso coração para incluir os outros em nossas orações e aspirações. E se acontecer de as estrelas e os planetas estarem auspiciosamente alinhados? Tanto melhor. Por que não aceitar uma ajudazinha do cosmos?

Sincronia Sagrada

O nome do deus grego do tempo era Cronos. Como aprendemos no Capítulo 3, a palavra *sincronia* significa "juntos no tempo". Quando você está em sincronia com o sagrado, entra em uma dimensão diferente de consciência onde pode testemunhar o ensinamento essencial "assim em cima como embaixo". Desde tempos imemoriais as pessoas celebram dias sagrados e fazem adorações em locais sagrados, como círculos de pedras, cavernas, confluências de rios, igrejas, templos e mesquitas. Todos esses lugares carregam uma determinada energia e vibração vinda de seus materiais únicos, sua localização ou sua forma, ou da mente e espírito coletivos das pessoas que os frequentam. Eles estão imbuídos de energia, de Chi. Quando visitamos locais sagrados como a Grande Pirâmide, a catedral de Chartres, Stonehenge, a velha Jerusalém, Varanasi ou Lourdes, imediatamente sentimos uma elevação espiritual quando a poderosa energia natural ou *drala* do lugar ou a energia de oração acumulada de gerações de peregrinos nos recarrega.

Apesar de vivermos em uma sociedade secular, a maioria entre nós sente algo especial no Ano-Novo, no Natal, no Hanuká, no Dia das Bruxas, na final do campeonato de futebol e em outros feriados (sagrados ou não). Há uma energia e uma vibração às quais nos integramos, mesmo que não sejamos crentes ou fãs. Para aqueles que gostam de dizer que isso tudo está só na nossa mente, sugiro que investiguem mais a fundo a difícil questão de saber o que *não* está.

Junto com as energias naturais da Terra e nossa própria consciência individual e coletiva, que imbuem o tempo e o espaço de sentido e sacralidade, existem ciclos celestiais que governam nosso destino. Aí se incluem os ciclos das constelações, do Sol, da Lua, dos planetas e dos asteroides, assim como as ondas e vibrações que vêm de nossa galáxia, a Via Láctea, bem como das bilhões de estruturas galácticas no espaço profundo. Todos esses corpos celestiais irradiam energias sutis que moldam e influenciam os eventos terrestres.

No Tempo do Buda, cada momento é potencialmente sagrado. Por isso, não é realmente necessário ir à igreja, ao templo ou ao estádio ou nos abstermos de tomar qualquer decisão prioritária em nossa vida quando, digamos, Mercúrio estiver retrógrado. Sempre temos o potencial de viver completamente em cada momento e nos conectarmos com a dimensão divina ou atemporal. Mesmo assim, redescobrir cerimônias e liturgias tradicionais, participar de ritos contemporâneos e estudar astrologia são maneiras pelas quais muitos conseguem vislumbrar a realidade maior e mais profunda. Cada lar é um templo, e esta Terra é como um altar sobre o qual caminhamos, no esplendor de nossa visão renovada do tempo e do espaço expansivos.

Em nossa era pós-moderna, estamos muito menos interessados em cosmologia, em ritos e em rituais do que em práticas baseadas na ciência, em ferramentas e técnicas eficazes para nos ajudar a resolver nossos problemas diários. A redução de estresse baseada na atenção (REBA), desenvolvida e ensinada pelo médico Jon Kabat-Zinn, por exemplo, é uma técnica contemplativa atemporal baseada no budismo para encontrar um refúgio no meio do tempo comum, de todo dia. Essa técnica se generalizou em hospitais e centros de cura nos Estados Unidos e em outros países. Também é um caminho excelente para a prática espiritual mais profunda e para entrar no agora.

Apesar de a redução de estresse ser muito eficaz, é importante reconhecer que há uma diferença entre o mero relaxamento, por um lado, e a renovação que conduz ao desenvolvimento espiritual, por outro. Existem muitos tipos de atividade que nos ajudam a reagir, a nos sentir melhor e a ser mais produtivos. Podemos nos exercitar, tirar um cochilo, nos dar ao luxo de ficar na cama lendo um bom livro, receber uma massagem, dar uma caminhada, trabalhar em um projeto favorito, tomar um banho quente e demorado, fazer amor — e depois de tais experiências, sem dúvida poderemos ir à luta com mais decisão, determinação e paz de espírito. Mas essas atividades restauradoras nem sempre resultam numa renovação profunda, numa regeneração durável e na libertação espiritual. Elas são o equivalente do tempo profano, experimentadas pelo eu pequeno. Nós entramos no tempo sagrado quando saímos do nosso estado comum, abraçamos o Si Mesmo/a Mente Búdica e intencionalmente levamos nossa consciência para um nível superior. Vou mostrar como.

Renove-se em Retiro

Alguns exploradores relataram que há um pássaro raro na Amazônia que para de cantar entre sexta-feira à tarde e sábado à tarde. Nos outros dias da semana ele canta com toda a sua alma. Você pode aprender muito com esse pássaro e seu ciclo de descanso regular. Ficar um tempo em um centro de retiro é uma maneira poderosa de nos revigorarmos no tempo sagrado por um dia, uma semana, um mês ou mais. Lugares como o Centro Kripalu, no oeste de Massachusetts, e o Instituto Esalen, na região de Big Sur na Califórnia, oferecem numerosas bolsas de intercâmbio de trabalho para retiros que duram de uma única semana até anos. Meu próprio Centro Dzogchen oferece mais de meia dúzia de retiros de meditação por ano. Há também vários mosteiros que abrem suas portas para visitantes procurando retiro.

Na tradição tibetana, o singular retiro monástico contemplativo de treinamento para lamas, com duração de três anos, três meses e três dias — que eu completei duas vezes —, é uma inspeção completa do corpo, da alma e do espírito. Quando é terminado, o praticante fica transformado, renovado e revivificado até o nível celular.

Em um refúgio menos drástico em relação ao tempo profano, o costume de fazer resoluções para o Ano-Novo representa uma oportunidade para um autoexame minucioso — estudando os relacionamentos e a família, a saúde, a carreira, os passatempos, a política, as intenções e as aspirações. Mas muitas pessoas realmente encontram tempo e vontade para fazer um retiro verdadeiro. Mesmo Bill Gates, o filantropo e fundador da Microsoft, imensamente ocupado e produtivo, tem seu tempo regular de renovação, solidão e silêncio. Gates passa pelo menos uma ou duas semanas por ano em sua rústica cabana nas montanhas. Lá ele fica sozinho, estuda uma pilha de propostas de projetos e em solidão decide quais novos empreendimentos de caridade ou de negócios irá apoiar. Trata-se claramente de um indivíduo eminente que reconhece que curtos intervalos, como os sábados e os retiros, ajudam a regenerar todo o sistema. Como aprendemos nos capítulos anteriores, fazer uma pausa não é evitar a vida e as responsabilidades, mas uma maneira habilidosa de renovarmos nosso foco e energia.

Se você tem energia e criatividade extras na Lua cheia, o tempo sagrado pode ser passado em cura ou oração. Se você se torna introspectivo e adora ficar ao ar livre contemplando o esplendor da natureza, assim como eu, quando a Lua lançar estranhas sombras sobre a Terra, você pode realizar uma vigília de oração que dure a noite toda ou fazer uma caminhada noturna solitária.

Aprenda a comemorar seu aniversário conscientemente, o aniversário da hora em que você apareceu na Terra sob uma configuração específica de astros no céu. É o momento perfeito para a apreciação grata da bênção da vida e para reafirmar o propósito genuíno pelo qual você está aqui.

Você também pode reservar um tempo da semana, mesmo um dia inteiro, para simplesmente *ser*. Lembra-se de Marian Wright Edelman e seu dia semanal de silêncio? Que tal estabelecer um dia assim em seu calendário e fazer dele seu próprio festival de renovação — seu próprio sábado ou retiro contemplativo? Eu faço isso uma manhã por semana e me dedico à leitura espiritual, a ouvir músicas, à meditação e aos exercícios. Tento me levantar às 6 da manhã aos domingos e ficar sozinho e quieto, incomunicável até pelo menos meio-dia. Durante meu sábado pessoal posso sair para uma longa caminhada, tocar flauta, cantar e até mesmo dançar na floresta próxima à minha casa, como um acréscimo às minhas meditações e cantos normais, ao ioga e à oração. Podemos não comparecer à igreja ou ao templo, mas, assim como Emily Dickinson, podemos ter por catedral as árvores "e os pássaros por sacerdotes".

Música e Som Sagrados

No budismo tibetano cantamos por vários minutos antes e depois de cada meditação, e às vezes durante toda a sessão. Por que você não experimenta? Há canções tibetanas maravilhosas disponíveis em CD, e meus alunos me relatam que ao ouvi-las eles se transportam para uma zona atemporal de serenidade e conforto. Eu acho que qualquer música suave, como as obras de Bach, é boa para o retiro e a meditação. A música de cítara e a de flauta são maravilhosas também. Gosto das peças de piano de Erik Satie, particularmente aquelas do CD *After the Rain* [Depois da Chuva], executadas por Pascal Rogé. Para mim, o melhor de tudo são os concertos de piano de Mozart, assim como as músicas para piano de Liszt, Chopin e Rachmaninoff. Ou coloque alguma música dançante, reggae ou qualquer uma que faça você se sentir contente, e faça um baile solitário. Sinta a alegria de estar vivo! Esta é a hora de fazermos o que nos renova e nos revigora. E podemos sentir como a batida da música afeta os ritmos e a energia do nosso corpo. Platão disse: "A música dá alma para o universo, asas para a mente e para a imaginação e vida para tudo". E eu sempre digo que quem canta, seus males espanta.

O som e a música são uma entrada nobre para o sagrado e o atemporal. A música mais extraordinária transcende toda a fisicalidade, mas ainda assim você pode sentir visceralmente as vibrações dos diferentes sons ressoando em seu corpo — no plexo solar, por exemplo — como um tambor. Certa vez, alguém compôs e cantou músicas de gratidão no fim de uma semana de retiro. Ele mesmo se tornou como uma flauta — vazio, reto, afinado e claro — enquanto o som mântrico *ahhhhhhi* emergia de dentro e dos arredores, nos envolvendo a todos no espaço claro e transcendente. Senti o som ressoando na consciência de todo o meu corpo, como ondulações acariciando um lago tranquilo. A música pode nos transportar para o atemporal, onde nós, como observadores, nos fundimos e nos tornamos uno com o observado.

É curioso que os seres humanos e os pássaros canoros sejam as únicas criaturas que se movimentam automaticamente de acordo com o ritmo de uma melodia. "O coração humano quer se sincronizar com a música, as pernas querem gingar, metronomicamente, com a batida", explica Nina Kraus, uma professora de neurobiologia na Universidade Northwestern que estuda os efeitos da música no sistema nervoso.

A música e o som fazem sua mágica em nós de muitas maneiras. A mais básica é que a música pode diminuir e equalizar as ondas cerebrais. Como mostram as pesquisas neurológicas, o som e a música — tocar ou escutar um instrumento, cantar ou fazer outras vocalizações — podem modificar as ondas cerebrais. A música com um ritmo de aproximadamente sessenta batidas por minuto pode mudar a consciência do estado beta para o estado alfa. O estado beta, como vimos anteriormente, representa a consciência desperta normal, incluindo as emoções negativas. O estado alfa é caracterizado pela consciência elevada, pela tranquilidade e por pensamentos e sentimentos mais positivos. Entre as músicas na faixa de sessenta batidas por minuto incluem-se certas seleções barrocas, Nova Era e de música ambiente.

A música também pode nos ajudar a integrar os dois lados do cérebro. Ouvir Mozart, Bach ou outra música clássica de alto padrão pode estabilizar nossa atenção, estimular nosso foco mental e aumentar nossa eficiência. Esse tipo de música fortalece o lado lógico do cérebro, o lado esquerdo. Ouvir Beethoven, Debussy ou outras músicas românticas, de jazz ou da Nova Era, por outro lado, pode aumentar nossa intuição, criatividade, empatia e compaixão pelos outros. Esse gênero fortalece o lado relacional do cérebro, o lado direito.

Além disso, a música pode alterar nossa percepção do tempo. Quando estamos sob pressão, a música ordenada, do lado esquerdo do cérebro, pode nos ajudar a fazer um uso mais eficaz do tempo, e sons relaxantes, do lado direito, podem reduzir o estresse e a tensão. Via de regra, as músicas com batidas claras e rápidas fazem com que o tempo passe mais rápido. As músicas lentas e pesadas o fazem se arrastar.

A música também altera nossa percepção do espaço. A música lenta nos dá mais lugar para manobrar e relaxar. Pode abrir um espaço que está confinado e nos dar a capacidade de nos sentirmos mais leves, livres e soltos. A música rápida, ao contrário, pode nos ajudar a criar fronteiras e caminhos sonoros em nosso ambiente, aumentando assim nosso empenho e nossa produtividade.

No Oriente, os mantras são há muito conhecidos como caminhos para a realização e a satisfação plena em muitos níveis. Um mantra é um som, uma sílaba ou uma frase que nos encaminha para a transformação física, mental, emocional ou espiritual. Os mantras mais básicos são compostos de uma única sílaba, como *ah*, que ressoa no baixo intestino. O som *m*, por outro lado, vibra muito acima no corpo — na garganta ou na boca. No meio está o som de *u* ou *o*, que ressoa na área central do coração e dos pulmões. A repetição desses sons, em voz alta ou em silêncio, estimula essas áreas e fortalece seus respectivos chakras, meridianos, órgãos e outras estruturas e funções. Quando esses três sons se combinam, criam a sílaba *aum*, também soletrada *om*, o mantra mais sagrado no hinduísmo e no budismo. Entoar um *aum* longo e demorado estimula todas as três regiões, unificando a mente, o corpo e o espírito. O *aum* nos integra no momento e tem o potencial de nos levar além do tempo e do espaço. Simboliza a Vibração Primordial, da qual tudo o mais brota. Pode ser recitado para nos acalmar e relaxar ou nos colocar em contato com nosso Eu Superior, para curar males mundanos ou para nos elevar à música das esferas.

No Ocidente, outrora os cânticos também eram uma arte sagrada e uma ciência altamente desenvolvida. O canto gregoriano criou a estrutura sonora da Europa na época medieval e no começo da época moderna, contando as horas do dia e as estações do ano. Sua influência ecoou através das eras. Em um mosteiro francês na década de 1960, setenta a noventa monges repentinamente ficaram doentes e caíram de cama. Médicos, psicólogos e nutricionistas foram chamados, mas nenhum soube diagnosticar o ocorrido. Finalmente, o abade do mosteiro recorreu a Alfred Tomatis, o médico pioneiro que descobriu que os pássaros recém-nascidos e os fetos humanos podiam ouvir a voz de seus pais. Tomatis, conhecido como o "Sherlock Holmes do som e da música", diagnosticou rapidamente a enfermidade. Quando o Vaticano relaxou as regras da Igreja, várias horas por dia de canto gregoriano foram eliminadas da rotina diária dos monges. Durante anos, eles haviam cantado juntos de oito a dez vezes por dia por vinte minutos de cada vez. Quando eles voltaram a cantar, a respiração dos monges se desacelerou, sua pressão sanguínea se normalizou e seu humor e produtividade melhoraram muito. Os magníficos *oooooo* e os sublimes *eeeeee* do "Gloria in excelsis Deo" e o padrão repetitivo e a alternância de tons dos longos Aleluias restauraram sua alegria de viver.

Nas sociedades indígenas, canções e instrumentos simples eram usados tradicionalmente para transportar o ouvinte a níveis cada vez mais altos de consciência. O tambor xamânico, por exemplo, pode nos levar para o estado Teta de atividade mental, associado com o sono profundo, a hipnose, experiências fora do corpo e outras dimensões.

PAUSA PARA REFLEXÃO

Um Retiro Sonoro

Este exercício é feito para nos transportar para *shicha*, o Quarto Tempo – o termo budista tibetano que designa uma dimensão transcendente do ser atemporal, a qual penetra todos os momentos do tempo linear horizontal – o passado, o presente e o futuro. Uma das coisas mais fascinantes do som e da música é que nossa resposta a eles é altamente individualizada. O que me toca pode não tocar você, e o que o anima pode me deixar para baixo. Quer seja um quarteto de cordas de Mozart ou um clássico de Buddy Holly, uma flauta *shakuhachi* ou uma rima de *rap*, escolha algo que ressoe em você.

Para os iniciantes, recomendo músicas sem voz e sem letra. Por exemplo, você pode ouvir as notas estáveis e emergentes da *Gimnopédie nº 1* de Erik Satie, que o carregam passo a passo, nota a nota, para dentro do centro do som em si. No núcleo profundo da peça nos encontramos no Tempo do Buda, indo além do poder de qualquer tique-taque do relógio. O aclamado violinista Joshua Bell nos conduz ao mesmo ponto com as notas cuidadosamente desenhadas de *O Cisne* de Saint Saëns ou da *Élégie: O doux printemps d'autrefois* de Massenet.

Experimente os sons de jazz de John Coltrane no saxofone e sinta cada nota ganhando vida e brotando de um lugar além das partituras abstratas numa página, ou de outra conceitualização qualquer. Ou confira as adoráveis composições de piano do impressionista Bill Evans, focando-se em cada nota individualmente, uma de cada vez, como as contas de um rosário cuidadosamente atadas juntas.

Ou bata em um gongo, e acompanhe – observando atentamente – a nota ressoante se prolongando e se esvaindo, dissolvendo-se no horizonte. Então simplesmente descanse nesse vazio e nessa claridade espaçosa.

Depois, com qualquer uma dessas seleções, a sua favorita, ou com a serenata do canto dos pássaros que entra pela janela no começo da manhã, conforte-se, deixe de lado as distrações e permita-se simplesmente descansar e escutar:

Respire, sorria e relaxe várias vezes.
Olhe profundamente para dentro de si e contemple:
Quem está ouvindo esta música?
De onde ela está vindo? Aonde está indo?
Você consegue discernir o silêncio entre as notas?
Descanse nessa abertura, na tranquilidade do lar.

Escute o Quarto Tempo – o agora atemporal. Alongue o tempo, expanda-o e se dissolva profundamente nele; simplesmente descanse na música.

Gradualmente, retome sua consciência normal. Retorne para sua vida diária renovado e revigorado por essa pequena viagem para o tempo e o espaço sagrados.

Espaço Sagrado

Há mais de quarenta anos que sempre mantenho um pequeno altar de algum tipo, feito com mobília, troncos, pedras, caixas de papelão, engradados cobertos de tecido ou qualquer outra coisa que esteja à mão. Tal espaço me ajuda a focar minha meditação assim como minhas energias e minha vida diária doméstica. Agora tenho uma sala de meditação em minha casa e a primeira coisa que faço todas as manhãs é me sentar lá por uma hora, e também à noite, mesmo que seja por um curto período. Às vezes deixo uma vela acesa no altar o dia todo, só para manter o espaço de prática vivo. Ou mantenho uma lâmpada fraca acesa lá dia e noite.

No altar, gosto de ver uma estátua pacífica do Buda e algumas oferendas de flores ou frutas, incenso, talvez um cristal ou espelho especial para me lembrar da luz inata do Espírito, atemporal e sempre reluzente. Às vezes, durante o dia, simplesmente passo, aceno e falo oi para a foto de meu mestre e para os ícones nas paredes — só para me animar. É como se eu passasse por um lava-rápido kármico, e saio mais radiante a cada vez.

Também gosto de ter uma estátua de pedra do Buda sentado em meu jardim, que eu possa ver da cozinha ou pela janela da sala. Tal ícone é como um espelho que reflete meu Eu Superior.

Se você pensar no tempo sagrado como uma dimensão para onde saímos de nossa vida normal ou nosso eu cotidiano, isso também se aplica ao espaço sagrado. Em todo o mundo, existem incontáveis lugares consagrados às manifestações de um deus ou deusa ou a algum milagre ligado ao tempo sagrado. Minha ideia de um lugar realmente sagrado é de que o interior pareça maior do que o exterior. Em nossas casas hoje em dia temos cômodos separados para exercícios físicos, televisão e jogos, música, espaço para trabalhar no computador e outras atividades mundanas, mas raramente encontramos um cômodo dedicado exclusivamente para a autorrenovação na dimensão atemporal. Imagine as possibilidades:

- Um santuário ou uma capela em uma casa na árvore
- Uma pequena prateleira com objetos sagrados
- Um *closet*, pintado com uma cor bem viva do lado de dentro, com prateleiras onde tesouros especiais da natureza, assim como livros e imagens inspiradoras podem ser colocados. Tire a porta, ou feche-a para "preservar a energia" caso você use o quarto para outras atividades
- Um cômodo para ioga, meditação, oração e círculos familiares
- Uma casinha infantil de brinquedo, transformada numa pequena capela ou templo
- Um altar portátil para sua mesa no trabalho
- Uma sala de música ou de poesia
- Um jardim de cobertura sagrado

É impressionante como um pequeno ajuste ao seu espaço normal, cotidiano, pode afetar todo o seu humor. Teresa, uma de minhas alunas, medita há muitos anos. Ao longo de sua prática budista, usou muitos *zabutons* (almofadas) para se sentar. Instalou tatames, as firmes esteiras de palha japonesas, em seu apartamento. Por um tempo, também usou um pequeno assento de madeira feito de bordo, por baixo do qual podia colocar as pernas na posição *seiza*, ou seja, a posição ajoelhada usada no budismo japonês.

Recentemente sua amiga Nadia, sabendo de seu interesse pelo desenvolvimento espiritual, presenteou Teresa com uma esteira de oração islâmica em seu aniversário. Havia pequenas tiras de aquilária da Índia embutidas, que exalavam um aroma almiscarado.

"Ela é extremamente centralizadora", Teresa me disse depois de usá-la por algumas semanas. "Ela ao mesmo tempo me firmou, enraizando-me à terra, e elevou minha mente e meu espírito com seu aroma paradisíaco. A esteira melhorou minha prática significativamente." Ainda que em regra os muçulmanos usem uma esteira de prece mais simples e básica para suas cinco orações diárias do que a que Nadia lhe deu, Teresa aprendeu quão poderoso pode ser o impacto que esse acessório tem sobre a consciência de uma pessoa. "Ela cria um espaço sagrado em volta de todo o meu ser", ela disse. "Agora a levo comigo para onde vou, e ela imediatamente transforma o espaço." Eu mesmo tenho um tapete mágico como esse, que comprei em Teerã em 1971.

Sair em peregrinação é outra forma de cultivar o tempo e o espaço sagrados. Ao fazê-lo, recriamos a jornada espiritual num tempo cíclico ou atemporal. Pode ser uma prática anual, o ápice único do sonho de toda uma vida, uma visita a um local de milagres de cura ou uma missão para chamar a atenção para um problema, como a paz mundial, o meio ambiente, a Aids ou a pobreza. Ainda faço peregrinações para ver meus mestres, para visitar o mosteiro onde vivi no Nepal e para ir a outros lugares sagrados, incluindo o Muro das Lamentações em Jerusalém, sagrado para os ancestrais de meu clã, e a Árvore Bodhi em Bodh-gaya, Índia, debaixo da qual o Príncipe Sidarta encontrou a iluminação espiritual.

Existem muitos mochileiros espirituais modernos como eu. Li sobre William e Alexandra Riggins, que saíram de bicicleta em 1998 numa peregrinação para levar música e bondade aonde houvesse um chamado para servir. Quase sessenta mil quilômetros depois, após incontáveis visitas a hospitais, asilos, igrejas, orfanatos e centros de recuperação, eles ainda estão na estrada, depois de terem rodado toda a Europa, Canadá e Estados Unidos de bicicleta. O que começou com um desejo de renovação terminou como um modo de vida. Apesar da falta de dinheiro, eles contam que suas necessidades são sempre supridas, uma vez que as pessoas pelo caminho lhes oferecem comida, abrigo e hospitalidade.

A cada doze anos, quando Júpiter entra no signo de Aquário (ou *Kumbha*, palavra que significa "cântaro de água" em sâncrito), a maior congregação de pessoas do mundo acontece em Allahabad, no norte da Índia. Essa cidade é o lugar do *sangham*, a confluência sagrada onde o Ganges, o Yamuna e o mítico rio Sarasvati, que corre debaixo da terra, se encontram, e onde se diz que os deuses derramaram uma gota do elixir da imortalidade. No festival conhecido como Kumbha Mela — o maior festival do mundo — milhões de hindus se juntam para realizar abluções rituais e outras preces sagradas, cantos, ensinamentos e discussões durante dias e até semanas sem parar. Em 2001, *60 milhões* realizaram a peregrinação. Imagine quanto esse lugar deve ser energizado pela confluência de três rios poderosos, por uma narrativa mítica sagrada e pela energia, vibração e consciência de centenas de milhões de peregrinos do passado, do presente e do futuro! Como Meca, o ponto focal de bilhões de preces realizadas todos os dias, é um dos lugares mais energizados — sagrados — do planeta.

Qualquer tipo de peregrinação pode ser uma das melhores maneiras de "superenergizar" nossa vida diária. Um tempo prolongado longe de casa também serve para afastarmos velhos hábitos e sairmos das antigas zonas de conforto, e pode revigorar nossa vida interior. Às vezes podemos experimentar novas percepções em tais lugares, ou acessar sentimentos que havíamos esquecido — talvez desde a infância. Tais momentos de bênção nos lembram de que o intelecto tem um alcance limitado e que talvez nosso caminho de vida atual não seja inteiramente o que precisamos e desejamos. Ou podemos ver nossa vida de maneira nova e descobrir — para nossa surpresa — que já temos tudo que precisamos e desejamos.

O Tao de Viajar

Sempre que estou em peregrinação, em uma palestra ou em férias, tento encontrar um espaço sagrado ou inspirador para ir diariamente. Em Boston, é o Buddha Hall dentro do Museu de Belas Artes, com suas enormes estátuas originais trazidas do Japão há muito tempo e colocadas em um templo dedicado a elas. Em São Francisco, é o Jardim do Chá japonês no Golden Gate Park ou o pico do Monte Tamalpais, na estação dos guardas florestais, com sua vista sem paralelo sobre toda a extensão da Bay Area. Em Paris, é o alto da Catedral de Notre Dame e as pontes majestosas que cruzam o Sena.

Mas lembre-se, é a jornada que é sagrada, não o destino. O simples ato de viajar para conhecer um novo local, um novo país ou uma nova cultura pode ser esclarecedor e nos lembrar que o tempo é elástico, não fixo. Zerina, uma médica escandinava que faz serviços voluntários em países de Terceiro Mundo viaja sempre que tem uma chance, recentemente retornou de uma visita a Mali, na África Ocidental. "Minha jornada durou vinte dias, mas eu a senti como se fossem três meses", ela relembra. "Cada dia era tão cheio de encontros com pessoas que viviam, falavam e valorizavam coisas tão fundamentalmente diferentes de mim que me forçava a refletir e me perguntar: o que é realmente importante para uma vida feliz?" Zerina diz que parte de sua paixão por viajar e descobrir novos lugares vem de "me trazer de volta ao momento presente. Eu tenho de estar lá totalmente para entender o que está acontecendo". Ela diz que se sente como uma criança novamente, descobrindo os sentidos, vendo as coisas pela primeira vez. "Não posso contar com meus hábitos, o piloto automático está desligado e estou completamente desperta." A atenção do momento presente, envolvendo os sentidos vividamente, a fez renascer e enriqueceu cada uma de suas experiências.

Zerina, cujas viagens incluíram idas ao Tibete, entre muitos outros destinos exóticos, cita Marcel Proust: "'A única viagem verdadeira consiste não em partir em demanda de novas paisagens, mas em ter outros olhos'. Ao cuidarmos de abrir nossos olhos, nossa mente e nosso coração na vida diária, podemos começar a ver as pessoas e as situações de ângulos novos e enriquecedores, e o que era verdade ontem não é necessariamente verdade hoje".

Em sua cidade natal, Copenhague, Zerina também aprendeu a viver no agora. "Outro modo de voltarmos ao momento presente e termos um sentimento de eternidade diante de nós é descobrindo o que é importante para nós", ela explica. "Como queremos viver nossa vida? O que é mais importante? Passar tempo com as pessoas que amamos e fazermos coisas que amamos ou perseguir coisas que vão nos dar prazer temporário, prestígio ou fama? Minha experiência diz que quando faço coisas que amo fazer, quer seja cozinhar, dar risada com os amigos, andar pela floresta, escrever um poema em meu café preferido ou ajudar pacientes no hospital, isso me faz retornar ao momento presente. De algum modo o tempo se expande e sinto que tenho todo o tempo do mundo."

Não precisamos realizar uma peregrinação ao Tibete, a Mali ou ao Museu de Belas Artes de Boston para encontrar um local sagrado. Qualquer recanto pode servir: embaixo de uma árvore no parque ou em um banco sob o sol, no porão ou no sótão, em um terraço ou na escada de incêndio. Pequenos altares portáteis podem ser montados em qualquer lugar. Ou pode-se criar um altar na hora: a natureza prontamente providencia belas pedras, folhas, penas, conchas, madeira flutuante e até mesmo o canto dos pássaros como coro celestial e sinfonia do tempo sagrado. Você também pode fechar os olhos e voltar o foco para dentro de si, independentemente das circunstâncias e condições externas, e descansar dentro do centro calmo de seu próprio coração, assim como os místicos e sábios têm feito através das eras.

Talvez você viva em um apartamento barulhento com muitas crianças e animais de estimação exigentes. Inclua-os no tempo sagrado. Os animais sempre captam a energia quando ela muda e sossegam com alegria. As crianças valorizam tais lembranças do tempo sagrado e seguirão seu exemplo quando crescerem. Talvez você não possa se dar ao luxo de ter um espaço extra dedicado à meditação, ao ioga ou à oração. Pense criativamente; tome posse do seu espaço sagrado. Invista em você mesmo e receba a Si Mesmo em troca.

Por último, faça o espaço sagrado onde quer que você esteja e faça o tempo sagrado em cada momento. Mesmo quando você se sentir afastado da zona sagrada, lembre-se de que ela nunca está longe de você.

Quebrando a Zona de Conforto

Uma hora ou outra, todos encontram uma barreira na jornada da alma, assim como acontece em outras partes de nossa vida, quer seja na vida amorosa, na dieta, ao aprendermos um instrumento, no desenvolvimento da carreira profissional ou ao treinarmos para uma maratona. É por isso que a prática da renovação é essencial. O eminente escritor alemão Goethe escreveu: "Precisamos sempre mudar, renovar-nos, rejuvenescer; caso contrário, endurecemos". Quando a criatividade e a vitalidade diminuem, precisamos quebrar os padrões, assim como às vezes precisamos revolver a terra de uma plantação — arrancar o que é velho e começar um novo cultivo para a próxima estação, ou até mesmo deixar a terra em repouso por um ou dois anos para lhe dar tempo de se regenerar.

Meu amigo Kevin, que sobreviveu a um câncer, vê as coisas de um modo muito diferente desde que a doença o acometeu. "Não quero desperdiçar meu tempo", ele explica. "Vejo meus filhos crescendo hoje, e isso é um milagre. É uma bênção, um presente, que eu não vejo mais como garantido no correr dos eventos, na cachoeira dos minutos e dos momentos que tão facilmente obscurece a visão. Sou muito mais consciente, mas ao mesmo tempo consigo discernir meu tempo e escolho como usá-lo."

Doenças, dificuldades e privações nos levam de volta à essência. Como vimos na história da doença de Jill Bolte Taylor, dificuldades físicas podem na verdade representar uma oportunidade para mudanças de vida benéficas. Uma mudança na rotina, um alongamento dos músculos espirituais cansados, podem nos ajudar a lembrar que somos muito mais do que acreditamos ser. Jejuar por um dia ou mais, fazer uma vigília à luz de velas, entrar em retiro, sair em peregrinação ou tirar um ano sabático são todas maneiras potentes de mudar o padrão habitual da vida, de descobrir a fonte interna de recursos naturais sempre novos e de usar nosso tempo mais criativa e sabiamente.

Sidarta abandonou a vida suntuosa no palácio de seu pai e saiu em uma jornada pelo mundo, buscando maneiras de se reduzir à sua essência. Passou seis anos em meditação, em jejum e praticando ioga na selva até que atingiu a iluminação. Jesus passou quarenta dias e noites no deserto, pedindo a iluminação. Os índios americanos saem em busca de visões nos desertos e no alto das montanhas, aguentam o calor intenso das tendas do suor ou furam a carne, jejuam, rezam, ficam sem água e dançam sob o sol ardente por muitos dias durante seus festivais da Dança do Sol, para irem além de seus limites habituais.

O jejum, a renúncia, a abnegação e as asceses rigorosas há muito têm sido as maneiras pelas quais os humanos rompem com o conforto de sua existência diária — principalmente a rotina, os locais aprisionadores e os velhos hábitos — de modo a limpar o antigo e começar o novo. Ao negarmos nossos anseios e nossos velhos hábitos, podemos recondicionar e descondicionar rotinas e padrões familiares. Tente o seguinte para cumprir esse objetivo para si mesmo.

MOMENTOS DE ATENÇÃO PLENA

Quebrando Padrões Antigos

Aqui estão alguns modos pelos quais você pode quebrar antigos padrões e experimentar o tipo de renovação que vai levá-lo a usar melhor seu tempo e sua energia:

- Fique sem falar durante uma manhã ou um dia inteiro.
- Pule uma refeição ou jejue um dia inteiro.
- Tire uma folga da tecnologia – celulares, computadores, televisão, iTunes ou o que quer que seja – por um período predeterminado de tempo. (Baseie o quadro de tempo em um objetivo realista.)
- Faça um jejum de notícias por um dia, um fim de semana ou uma semana.

Viva no Tempo e no Espaço Sagrados 163

- Não leia nada por uma dia, um fim de semana ou uma semana: sente-se, abstenha-se de consumir as ideias e reflexões de outras pessoas e fique na companhia dos seus próprios pensamentos, para variar.
- Por um período predeterminado de tempo, não fale sobre ninguém que não esteja presente e repare na diferença que você sente em relação à roda normal de fofocas e mexericos inconscientes.
- Acorde uma hora ou meia hora antes do normal e use esse tempo regularmente para viajar para o tempo sagrado.
- Faça uma vigília ao ar livre que dure toda uma noite, perto de uma fogueira, no topo de uma montanha ou ao lado de um lago.
- Saia da rede de energia elétrica por um dia. Desligue a força em sua casa e reconecte-se a um tipo diferente de energia.

Cochilo Correto

Estar perto de casa e do escritório, ajuda nas virtudes da sesta ou cochilo à moda antiga, que foram redescobertas pela ciência moderna. Longe de ser uma perda de tempo no meio de um dia atarefado, descansar os olhos rapidamente no começo da tarde nos relaxa, renova e restaura, tornando-nos muito mais produtivos e empenhados durante o resto do dia de trabalho. O *power nap* (cochilo poderoso) é a mais nova moda antiga, e as 500 empresas top de mercado, equipes esportivas e outros grandes competidores encorajam seus executivos e empregados a tirar um cochilo no começo da tarde. "O descanso é sagrado", como dizem as antigas escrituras sagradas da Índia.

Muitos indivíduos também descobriram que o cochilo não é só para crianças. Em seu blog, minha amiga Amy Hertz, editora da HuffPost Books, recentemente escreveu sobre sua batalha para conseguir dormir e se manter descansada. Num artigo intitulado "Quer Ser Mais Esperto que um Aluno da Quinta Série? Tire um Cochilo Melhor do que as Crianças de Dois Anos" ela conta que parou de cochilar com um ano de idade. "Eu cansava minha mãe, meu pai e toda minha família durante o dia", explica. "Eles tentavam me comprar e me assustar [para dormir]. Nada funcionava, e perdi a capacidade de cochilar."

Com o passar dos anos, a insônia e a incapacidade de descansar de Amy só pioraram. Por último, ela passou a sofrer de síndrome da fadiga crônica e terminou "muito cansada para fazer qualquer coisa a não ser olhar para o teto" e ver o tempo passar. Saiu em busca de ajuda da medicina ocidental, da medicina chinesa e então da cura energética, mas nada funcionou.

Finalmente, ela consultou Gelek Rinpoche, um venerável lama tibetano em Ann Arbor, Michigan. "O que eu faço? Quais práticas de meditação? Quais retiros? Aonde vou? Farei qualquer prática, só me diga qual", ela implorou.

"Todo dia, três vezes por dia, deite-se, feche os olhos, e por dez minutos não faça nada", o mestre budista aconselhou.

"Nada? Posso ouvir ensinamentos?", ela disse.

"Não, nada."

"Posso colocar ideias no papel?"

"Não, nada. Simplesmente deite-se e não faça nada. Coloque um despertador se você precisar."

Então Amy seguiu o conselho do Rinpoche. Levou todo um ano de prática séria, mas agora ela diz: "Posso cochilar à vontade — quase em qualquer lugar — e até mesmo despertar sem ajuda de despertador". Ela chama isso de Transmissão de Cochilo. Aqui estão os passos a se seguir:

1. NÃO É NECESSÁRIO DEITAR-SE. Somente feche os olhos e desligue-se por alguns minutos.
2. DEIXE A MENTE SE FIXAR NA ALTURA DO CORAÇÃO e comece a perceber suavemente o ar de sua respiração passando pela região dos pulmões e do chakra do coração.
3. NÃO SE LEVANTE SOB NENHUMA CIRCUNSTÂNCIA. Não escreva nada. Não olhe no relógio, mas ponha um despertador para tocar se você preferir.
4. SE VOCÊ NUNCA COCHILOU, COMECE COM DEZ MINUTOS TRÊS VEZES POR DIA. Em algum ponto, mude para um cochilo de vinte minutos diariamente.

Amy diz que não podia acreditar em quão melhor se sentia no fim de cada dia e quanta energia a mais tinha, o que transformou sua vida completamente. Tente você mesmo e descubra quão melhor poderá usar seu dia.

Eu me lembro quando o Dalai Lama estava em nosso centro de retiros no sul da França, no começo da década de 1990. Era difícil acompanhar seu ritmo de serviço incessante e de constante atenção às necessidades dos outros: sua agenda cheia e seu horário de acordar às 3h30 da manhã, suas reuniões cansativas e ininterruptas, suas viagens sem parada mesmo à noite e nos fins de semana. Um dia eu disse: "Vossa Santidade, posso parar agora? Não vou aguentar continuar por muito tempo". Ele disse: "É claro que você pode. Mas lembre-se de que você não pode parar completamente até que eu o faça". Ele estava falando sobre o tempo e sobre nosso voto e nossa missão atemporal, universal, de ajudar todos os seres sencientes a ultrapassar o sofrimento e a confusão e alcançar uma paz semelhante à do Nirvana, a felicidade e a beatitude.

Tudo o que buscamos e desejamos — a alegria, a santidade, a divindade, a paz interior e a felicidade — pode ser aproveitado a qualquer momento, a qualquer hora, em qualquer lugar. As abordagens e as técnicas para expandir o tempo e o espaço sagrados que vimos neste capítulo — sair em retiro, fazer uma peregrinação, comemorar feriados e dias santos, tirar um período sabático pessoal, viajar, tirar um cochilo — são simplesmente veículos para um estado de ser atemporal.

No próximo capítulo vamos ver tudo de longe, olhando para um resumo cósmico fascinante do tempo histórico da Terra. Você vai aprender a aceitar com graça e tranquilidade as doenças, as perdas e outras devastações do tempo. Agora é também o momento de falarmos sobre a morte e o morrer — e sobre o cinema.

Capítulo 8

A RODA DO TEMPO

O momento não tem tempo.

— **Leonardo da Vinci**

Quando somos jovens, o passar do tempo pode ser vagaroso e, às vezes, frustrante. Eu me lembro de esperar eternamente pelo sinal da escola, pelos fins de semana, pelo recesso de inverno e pelas férias de verão, que pareciam não chegar nunca.

O tempo sempre capturou minha imaginação. Com 12 anos, eu costumava patinar no lago congelado que havia atrás da minha escola de classe média em Long Island. Jogava hóquei no gelo com meus amigos e ficávamos por ali até que começasse a escurecer e nossos pais viessem procurar por nós, escorregando no lago congelado com seus sapatos e ternos de trabalho. Adorava ver as correntes de água e as bolhas debaixo do gelo, e, nutrindo um traço contemplativo desde então, pensava, "O tempo se parece com isso, fluindo sob meus pés? Aqui estou, imóvel, enquanto a Terra gira e o tempo corre, e ainda assim a gravidade me segura e faz tudo parecer sólido, seguro e protegido. Que estranho! De onde veio tudo isso? Quem fez tudo isso e faz com que tudo continue a funcionar? O que o tempo iria significar se a Terra parasse ou não existisse? O que impede todas as coisas de voar para o espaço?".

A gravidade parecia uma desculpa fraca e não uma explicação. Às vezes eu me perguntava se meus irmãos e eu fazíamos parte de um estranho experimento que os adultos haviam planejado para ver em quanto poderiam nos fazer acreditar sem nos rebelarmos contra a improbabilidade de tudo.

Muitos anos depois, num dia de inverno perto do nosso mosteiro tibetano no topo de Meads Mountain, nas Montanhas Catskill do interior de Nova York, vi, pasmo, a água caindo em cascata debaixo de uma cachoeira congelada. Imediatamente me lembrei das reflexões daquele garoto de classe média de 12 anos, que patinava no gelo, sobre a natureza do tempo e da vida passando por nós sem o percebermos. Naquele momento, como um homem de 30 anos que estava seguindo o caminho para a paz interior, eu pensava comigo mesmo: "O tempo está fluindo em mim e através de mim e não preciso tentar desesperadamente entrar na corrente. Não preciso ficar preso em uma teia de pensamentos perturbadores sobre suas limitações em minha vida. Ele flui através de mim sempre, independentemente das minhas atividades, dos meus planos, das minhas interpretações subjetivas e da minha imaginação pessoal. Tudo isso é uma parte de mim assim como eu sou uma parte disso. Está tudo em minha mente. Minha mente é tudo isso".

Envelhecimento: "Ir Fundo"

Hoje em dia as crianças estão passando menos tempo ao ar livre e junto à natureza do que quando eu era garoto, e me pergunto sobre o tempo que elas têm para atividades contemplativas. Também parecem estar amadurecendo mais rápido do que nunca, com todo um novo quadro de exigências temporais. Fiquei surpreso ao ler na revista *Time* uma matéria contra as férias de verão para crianças, uma vez que foi provado que o tempo ocioso interfere com suas realizações acadêmicas em nossa sociedade altamente competitiva. As crianças lidam com muitas pressões escolares, e a obrigação de pagar seus empréstimos estudantis pode minar o início de sua vida adulta. De acordo com o Ministério do Trabalho dos Estados Unidos, agora a criação de cada filho custa 250 mil dólares para a família. Gerar renda suficiente, manter um emprego em uma economia devastada e equilibrar o trabalho e a vida familiar são desafios assustadores para muitos pais.

Os novos ciclos de juventude, meia-idade e envelhecimento já existem há algum tempo, mas para a maior parte deles nós não temos ritos de passagem correspondentes que ajudem a nos preparar e lidar adequadamente com os desafios que cada idade impõe à nossa noção de tempo.

Na meia-idade ou na maturidade, tradicionalmente atingimos o pico de desempenho da nossa vida, por dominarmos (o melhor que poderíamos conseguir) o amor, os relacionamentos, as habilidades de trabalho, a arte de criar os filhos e outros componentes essenciais de muitas vidas. Sentimos o tempo mais profundamente, com mais riqueza e de modo menos competitivo do que quando éramos jovens. Na doutrina chinesa dos cinco estágios de transformação, esse período da vida corresponde ao equilíbrio. Tudo atinge um estágio de harmonia e contentamento perfeitos.

É claro que os estilos de vida modernos raramente se sincronizam com o tempo natural; então, na meia-idade podemos estar tão sem tempo quanto em qualquer outro estágio de nossa vida. Na nossa época em particular, o desemprego, o subemprego, os salários estagnados, as taxas de juros e outras angústias econômicas significam que muitos, em vez de aproveitarem o melhor tempo de sua vida, estão vivendo com rendas escassas, vendo sua casa ser hipotecada ou lutando para encontrar trabalho e passar por cima da sensação de que nada faz sentido.

A velhice também passou por uma mudança dramática. Nas sociedades tradicionais, os anciões são venerados por sua sabedoria e procurados ativamente por quem precisa de conselhos. Nos Estados Unidos, por muito tempo a velhice foi um período de enfado, isolamento, perda de propósito e relevância e, muitas vezes, de solidão profunda, pois os americanos tinham o hábito de colocar os idosos em instituições para passar o fim de seus dias sozinhos, encarando uma televisão. Em anos recentes, no entanto, algumas casas de repouso e de enfermagem se transformaram em um tipo de hotel resort, onde os idosos mantêm uma vida ativa ou viajam; entretêm-se, namoram, fazem sexo e até começam carreiras novas. Recentemente li sobre oitentões e noventões ultrapassando os limites — não os da nossa paciência, mas os do desafio de escalar o Everest e realizar outras façanhas. O artigo tinha imagens de um homem de 89 anos que chegou aos Polos Norte e Sul e de outro de mesma idade fazendo *wingwalking*, amarrando os pés em cima de um monomotor biplano e atravessando o Canal da Mancha voando a quase 260 quilômetros por hora. Idosos que viajam pelo mundo afora se tornaram um dos segmentos mais importantes do turismo internacional.

É ótimo reconhecer que "você só é velho se quiser". Mas ao mesmo tempo, parece que não há mais lugar em nossa cultura para que os idosos possam se entregar a um propósito maior que inclui transmitir sabedoria para as gerações mais novas, que geralmente crescem à mercê de avatares digitais e ídolos da mídia, não em contato com seres humanos. Onde estão todos os sábios e sábias? Em minha juventude havia Albert Einstein, Albert Schweitzer, Bertrand Russell, Georgia O'Keeffe, Eleanor Roosevelt, Pablo Casals, Dr. Spock e muitos outros a se admirar. Hoje em dia, os únicos anciões renomados internacionalmente que me vêm à mente sem pensar muito são Nelson Mandela e o Dalai Lama.

Nossa cultura voltada para a juventude tende a ver a velhice como uma época de incapacidade e inutilidade. Quão diferente seria se a ideia de desacelerar e de voltar-se para dentro se tornasse uma prática honrada entre os idosos! Nos quatro estágios da vida reconhecidos no hinduísmo, os anos finais são reservados especialmente para esse propósito. Nada de correria, nada de tentativas de parecer mais novo. Calma. Serenidade. Um tempo honrado para cultivar a perspectiva, a sabedoria mais profunda, a visão, o autoconhecimento, a compreensão, a empatia e a compaixão.

Meu sábio amigo Rabbi Zalman Schachter-Shalomi, mais velho que eu, há muito defende o conceito de *velhice espiritual* como um processo viável pelo qual podemos transformar o arco declinante da solidão e do isolamento dos anos derradeiros em um tempo de consciência expansiva. Isso pode coroar e enobrecer uma vida. Reb Zalman chama isso de "envelhecer com sabedoria". Parece muito melhor do que envelhecer e esmorecer.

Há alguns anos eu estava fazendo um retiro no Havaí, na ilha de Maui, e tive a boa sorte de escutar o idoso mestre de violão *slack-key* George Kahumoku Jr. tocar, cantar e contar histórias de seu livro *A Hawaiian Life* [A Vida de um Havaiano]. (*Slack-key* é um certo estilo de usar os dedos para se tocar violão que se originou no Havaí.) Ele contou uma história maravilhosa sobre sua falecida tia, que lhe havia ensinado um estilo especial de *slack-key* quando ele ainda era garoto. "Ela tocava sempre a mesma música, repetidamente", ele disse. "Mais tarde, quando eu era adolescente e tinha um monte de músicas em meu repertório, tomei coragem e perguntei a ela: 'Titia, por que você não toca algo diferente? Você conhece tantas melodias! Por que continuar tocando sempre a mesma coisa?' Ela respondeu: 'Você é jovem, gosta de coisas novas e diferentes. Tudo bem. Eu sou velha agora. Nossa antiga tradição havaiana é de gostar muito de uma coisa e ir a fundo nela'".

Essa é a sabedoria da Mente Anciã, o Tao atemporal que não pode ser nomeado, reconhecer que o envelhecimento é um tempo de aprofundamento e refinamento da nossa sabedoria. É um tempo de nutrir o que deve ser passado adiante. Também podem ser os melhores anos de nossa vida. A maçã, na árvore, se expande e vira uma grande bola verde durante o verão. Mas no outono, quando o ano está se retraindo e recaindo na era invernal — é aí que a fruta amadurece. É como diz a tradicional charada: quando é a época perfeita para se colher uma maçã? Resposta: no momento em que ela cai da árvore. Então, em vez de pensarmos na velhice como uma época de definhar, pensemos no tipo de fruta que a vida pode ser quando amadurecermos para ela.

Sofrimento e Perda

É verdade que o tempo cura tudo, e é bom termos em mente a visão de longo prazo. Não obstante, os ditos sábios e os clichês são de pouca valia quando a perda e a dor nos atingem com força, quando o tempo parece se arrastar e estamos em meio à dor, ao sofrimento e ao medo que nos corta o fundo da alma. O único modo de superar é ir mais fundo, olhar o sofrimento de perto, de dentro, e então atravessá--lo até a outra margem de claridade e liberdade.

Nossos contemporâneos mais sábios lidam com a perda de diferentes modos. Marion Woodman, uma anciã sábia, analista junguiana e escritora famosa, diz que, quando sofre dolorosamente, ela se concentra para sentir o sangue vermelho fluindo em seu corpo. "Confiando nessa incorporação física, reclino-me na escuridão da experiência para tentar descobrir qual presente ela tem para me dar", ela explica. Esse é um bom exemplo de Meditação de Conexão Total.

Karla McLaren, autora de *Emotional Genius* [Gênio Emocional], toma outro curso de ação, mais divertido. Ela emprega uma prática de cura poderosa que chama de *conscious complaining* (reclamação consciente). Encontra um lugar calmo e se volta para uma parede, uma janela ou um altar. Ou vai para o quintal e se volta para uma árvore. Então ela solta toda a sua fúria, reclamando até se esgotar. Quando termina, oferece um gesto de oração juntando as mãos e então sai e se diverte. Ela jura que funciona perfeitamente.

Peter Levine, autor de *Healing Trauma* [Curando o Trauma], adota uma abordagem mais interna. Ele procura aquele lugar em seu corpo onde se sente mais forte e vivo. Depois de se focar naquela área, começa a percorrer meditativamente as outras áreas, procurando onde ele sente dúvida ou dificuldade. "Não tento consertar nem entender, mas sentir e experimentar meu corpo, minha experiência", ele relata. "Então, sem julgamentos, do melhor modo possível, alterno minha atenção entre os lugares onde me sinto mais forte e aqueles onde sinto a angústia." Ele vai e volta entre as áreas mais fortes e as mais fracas até que um ritmo comece a surgir. Seguindo aquele ritmo, ele encontra uma nova direção e o caminho se abre diante dele.

Em minha própria vida, descobri que é somente através da aceitação e da apreciação de nossas dificuldades que nos tornamos seres humanos totalmente desenvolvidos, muitas vezes temos de renunciar a algo para que um novo crescimento tome seu lugar. O renascimento espiritual necessita de alguma forma de perda ou morte. Não há outro caminho para a luz a não ser através da escuridão. É uma jornada profunda, e a cada passo descobrimos que as sombras amedrontadoras não são mais do que variações da luz.

Uma pessoa emerge do holocausto como uma fênix renasce das cinzas — o ganhador do Prêmio Nobel Elie Wiesel, por exemplo, que sobreviveu aos horrores de Auschwitz quando criança —, enquanto outra emerge amargurada, desiludida e arruinada para sempre. Por que algumas pessoas se prendem ao passado enquanto outras o deixam para trás? Os motivos são complicados, mas acredito que os diferentes resultados de tragédias similares têm a ver com as escolhas individuais, a compreensão, a fé, a esperança e outros recursos internos.

Depois de experiências particularmente traumáticas, algumas pessoas tendem a perder contato com a realidade presente quando ela é dolorosa. Uma tendência que antes era adaptativa, de sobrevivência — sofrer dissociação durante períodos de estresse agudo quando criança —, pode se tornar habitual, improdutiva e autodestrutiva. Em casos extremos, os sobreviventes de traumas podem passar um tempo — minutos, horas ou mesmo dias — no que é conhecido como *estado de fuga*. Mas percebi que uma vez que eles aprendem a focar sua atenção no agora para se reconectarem e se curarem, descobrem que têm imensas capacidades de crescimento espiritual, atenção e transcendência saudável. De certo modo, podemos olhar para o sofrimento em nossa vida tanto de modo *destrutivo* quanto *criativo* — e temos o potencial para nos transformar dos dois modos.

Deus não se encontra somente no topo das montanhas, mas entre as cinzas também. Esta bela oração foi achada em 1945 ao lado do corpo de uma criança judia no campo de concentração de Ravensbrück, onde 92 mil mulheres e crianças morreram:

> *Ó Senhor,*
> *Lembra-Te não somente dos homens e mulheres de boa vontade,*
> *mas também daqueles de má vontade.*
> *Não Te lembres somente do sofrimento que eles nos infligiram,*
> *mas dos frutos que colhemos graças a esse sofrimento,*
> *nossa camaradagem, nossa lealdade, nossa humildade,*
> *a coragem, a generosidade,*
> *a grandeza de coração que nasceu de tudo isso.*
> *E quando eles forem a julgamento*
> *faz com que todos os frutos que colhemos*
> *sejam seu perdão. Amém.*

O que podemos fazer quando nossa dor ameaça nos subjugar, quando a morte de um ente querido, uma doença grave, o desgosto de um fracasso ou qualquer decepção esmagadora se abate sobre nós? Por meio de minha própria prática, assim como de anos ensinando meditação, esbocei alguns passos que podem ajudar a nos guiar através da mudança e da perda e nos proteger de sermos incapacitados por elas:

1. ENCARE A PERDA. Fique consciente e não entre em negação. Não evite a dor, o medo, a raiva, a ansiedade, o arrependimento, a agonia, o desânimo

ou quaisquer outras emoções que você sentir. Lembre-se, a consciência é curativa. Deixe a luz entrar e você vai encontrar seu caminho.

2. PASSE PELOS ESTÁGIOS DE DOR SAUDÁVEIS E NECESSÁRIOS. Esse item geralmente inclui alguma permutação dos seguintes: (1) choque, negação; (2) dor, agonia, raiva; (3) barganhar, negociar; (4) tristeza, desespero, desesperança; e (5) gradualmente deixar estar e, finalmente, a aceitação. Lembre-se: seu caminho é único; em qualquer ordem ou forma em que eles ocorram, seu próprio processo natural e seu ritmo de sofrimento e aceitação têm uma autenticidade e uma validez emocional. Dê tempo ao tempo. Não apresse o processo da dor. Mas também não a prolongue desnecessariamente. Encontre um Caminho do Meio.

3. LEMBRE-SE DE QUE ISTO TAMBÉM VAI PASSAR. Compreenda a natureza impermanente, tênue, onírica das coisas, e recite o mantra budista: isto também vai passar.

4. APRENDA AS LIÇÕES. Reconheça como as coisas funcionam (causa e efeito, ou karma) e aprenda a trilhar um caminho mais claro no futuro. Examine suas próprias crenças e conjecturas sobre a situação de dor, o significado dela para você e suas implicações passadas e futuras. Lembre-se: a diretriz é começar onde quer que você esteja, com consciência e paciência, e então procurar o entendimento.

5. PRATIQUE A INDULGÊNCIA PACIENTE. Um dos princípios budistas do Caminho Óctuplo para a Iluminação é o de desenvolver força interna, constância, capacidade de recuperação, tolerância e visão de longo prazo.

6. INSPIRE E EXPIRE. Sinta a dor, conheça-a através da investigação e da equanimidade, e então libere-a. Lembre-se: a consciência é a chave. Fique atento, consciente e intencionalmente desperto — não fique sonâmbulo ao passar pelos momentos difíceis da vida.

7. EMPATIA E COMPAIXÃO. Deixe que a experiência da dor e do sofrimento o desperte para sua fraqueza, vulnerabilidade e sensibilidade. Repare que os outros também estão passando por angústias semelhantes às suas e expresse empatia e afinidade compassiva para eles e seu sofrimento. Lembre--se: um *coração partido* pode se tornar um coração aberto. O sofrimento

é o melhor começo da mudança espiritual, do crescimento interior e da transformação, e todos o experimentam uma hora ou outra.

Morte e Pré-Morte

A ideia de que um dia deixaremos de existir impulsiona muitas pessoas como um capataz que nunca larga o chicote. Woody Allen tem uma visão diferente: "Não quero atingir a imortalidade por meio do meu trabalho. Quero atingi-la por não morrer".

Para os budistas, a perspectiva da morte não é algo a ser temido. Ao contrário, a contemplação de nossa própria mortalidade nos dá a oportunidade e o ímpeto para despertar — uma dádiva que deixa clara a impermanência e a preciosidade do miraculoso presente da vida aqui e agora.

Quanto dura uma vida bem vivida? Como podemos celebrar a riqueza da mente anciã, envelhecer com graça e inteligência e contemplar nossa responsabilidade, que atravessa o tempo rumo às gerações futuras, no esquema maior do tempo e do espaço cósmicos? Como podemos passar adiante o melhor do que temos e do que somos? Qual deve ser nosso legado?

*O Livro Tibetano dos Mortos** — um guia das experiências pelas quais a consciência passa entre a morte e o renascimento — nos aconselha a nos libertarmos de nossos apegos quando nosso tempo na Terra se aproxima do fim, e, no momento da morte, a nos focarmos na Clara Luz. A morte e a pré-morte são momentos propícios para colocarmos nossa vida em perspectiva, regozijarmo-nos pelo tempo que passamos neste belo planeta, decidirmo-nos a ser melhores em quaisquer vidas futuras e retornarmos agradecidos à nossa fonte.

É necessário um grau supremo de consciência para transformar a pré-morte em uma prática espiritual e para despertarmos na clara luz enquanto nossos elementos físicos se dissolvem e fazemos a travessia. Um dos grandes objetivos das tradições meditativas e da vida espiritual é somente este: participarmos conscientemente no desenrolar de nossa vida, vivenciando cada estágio completamente, e continuar atentos no processo da morte e até mesmo depois dela. Com toda uma

---

* Publicado pela Editora Pensamento, São Paulo, 1985.

vida de atenção e consciência focadas, mesmo nosso fim pode ser contemplado e sentido no tempo sagrado, de modo desperto, com calma e compaixão.

Notando o Intervalo

No Capítulo 5, introduzi o conceito de *bardo*, a palavra tibetana que designa o espaço entre duas coisas. O *bardo* pode ser curto — um momento entre pensamentos ou entre respirações ou uma transição momentânea, como Clark Kent se transformando em Super-Homem em uma cabine telefônica — ou longo, como o tempo que leva para nos tornarmos adolescentes, adultos ou idosos. Sou adulto quando tiro minha carteira de motorista? Quando faço sexo pela primeira vez? Quando consigo um trabalho de oito horas por dia? Sou idoso aos 55, 60, 75 anos? É preciso muita autoconsciência para estar no meio da incerteza e ainda assim manter a cabeça no lugar. Qualquer adolescente que está entre a infância e o começo da vida adulta lhe dirá isso.

Existem também intervalos pequenos e regulares na vida diária que muitas vezes deixamos passar. Em cada *bardo* da vida, precisamos aprender a ficar em equilíbrio com o fluxo e a energia do que está acontecendo à nossa volta. Um bom dançarino sente a música e despende a quantidade exata de energia para ficar no fluxo. Dizem que um bom contador de histórias ou comediante tem uma grande noção do tempo, porque conhece o poder da pausa antes do clímax. Os músicos sabem que o ritmo e o silêncio entre as notas são tão importantes para a música quanto as notas em si. A noção de tempo perfeita também é essencial em todos os esportes; o atleta excelente precisa estar intensamente consciente naquela fração de segundo entre a causa e o efeito.

O melhor modo de se lidar com o suspense de um *bardo* é estar totalmente engajado em vez de tentar apressar ou prolongar o estado de incerteza — ou, por outro lado, de deixar tudo para depois. Aqui está uma história de como minha amiga Brigitta lidou com um *bardo* de namoro. Assim como em muitos momentos de incerteza, em vez de simplesmente sermos autênticos, quanto mais tentamos controlar uma situação, menor a probabilidade de as coisas funcionarem. Às vezes, quando você para de olhar e mantém a mente no estado de "não sei", o que buscávamos parece nos encontrar mais facilmente.

Brigitta passou por um divórcio difícil quando estava com 32 anos. Um ano depois, conheceu um homem chamado Robert. Eles tiveram alguns momentos maravilhosos juntos e ela intuitivamente sentiu que a conexão entre eles era profunda. Mas ainda assim as semanas se passaram e parecia que o relacionamento não estava progredindo. A incerteza e a ansiedade lhe custaram muitas noites de sono. Então ela recebeu uma oferta de emprego em outra cidade que ficava a uma hora de distância. Ela ficou dividida: Devia continuar no emprego antigo e tedioso e tentar conquistar Robert com mais afinco? Talvez seu trabalho não fosse tedioso se ela tivesse um relacionamento melhor. Ou deveria se mudar para um lugar onde teria possibilidade de crescer em outros aspectos e talvez conhecer outra pessoa?

Brigitta optou pela mudança mas continuou em contato com Robert. Decidiu que simplesmente se deixaria amá-lo e admirá-lo incondicionalmente em vez de tentar controlar o destino, construindo sua vida sobre a esperança de que eles dois se acertariam. Um ano depois que ela "desencanou" e decidiu simplesmente amar, ele a pediu em casamento e ela aceitou.

Brigitta se deu espaço para continuar em seu caminho, se dedicar, respirar e se firmar na vida. Apesar do medo de vir a passar o resto da vida sozinha, ela usou a abertura de *bardo* que seu novo emprego lhe deu para enriquecer sua própria vida e refletir sobre seus desejos, necessidades e prioridades. Aceitou a possibilidade de que um relacionamento com Robert poderia não acontecer, e, mesmo assim, em vez de se sentir negativa ou frustrada, decidiu apreciar objetivamente a pessoa ótima que ele era. Esse é um bom exemplo de Caminho do Meio no que geralmente pode ser uma experiência difícil e dolorosa, cheia de ansiedade, incerteza e esperanças frustradas.

O segredo é que somos completos e totais a cada momento, até mesmo no estado de *bardo*. Até que reconheçamos essa verdade e a incorporemos, a vida continuará a nos surpreender e chocar. Sábios taoístas, mestres zen e muitas pessoas normais aparentam ser intocadas pelos sofrimentos. Mas na maioria dos casos, isso só acontece depois de passarmos por um período muito negro da alma e entrarmos em acordo com a beleza transitória da vida, com a dor insuportável e com a impermanência. Os mestres verdadeiramente realizados não estão além do sofrimento e do descontentamento, mas se unem a eles.

Tempos de Emergência

Na primavera de 2009, a Itália central sofreu um terremoto devastador. Durante dias, ouvimos a lista de vítimas crescer quando víamos na televisão a devastação das cidades belas e antigas e testemunhávamos as tentativas desesperadas para localizar sobreviventes. Mal podíamos imaginar o horror de estar preso sob os escombros. Então, quando todas as buscas estavam para ser suspensas, Maria D'Antuono, de 98 anos, foi encontrada meio enterrada sob as ruínas de sua casa, a alguns quilômetros do epicentro do terremoto. Ela ficou lá por mais de trinta horas. O que ela ficou fazendo durante todo esse tempo? Seu passatempo favorito: crochetar.

Como ela manteve a sanidade sem saber se seria resgatada? Crochetar, para ela, era uma meditação. Mantinha-a consciente e tranquila em qualquer situação, em contato com aquilo que ela *podia* fazer, e não despendendo energia ao se preocupar com coisas que estavam fora de seu controle.

Para a maioria de nós, o horror de estar aprisionado após um terremoto poderia parecer uma cruel virada do destino: "Por que eu? O que acontecerá comigo?". Poucos entre nós seriam capazes, ao contrário, de aceitar a doutrina budista de que este é o lugar certo, o momento certo, o ensinamento certo para nós e uma oportunidade de nos entregarmos, mergulhando no que está por vir.

Nossa vida está cheia de pequenos *bardos* dentro de outros maiores. O tédio é um *bardo*. O namoro é um *bardo*. Esperar um ônibus é um *bardo*. A menopausa e a andropausa (sim, os homens têm sua própria versão) são *bardos*. A vida em si é um *bardo*, a transição entre o nascimento e a morte. O agrupamento de universos dentro dos multiversos sobre os quais os cosmologistas e uma corrente de físicos teóricos estão especulando são *bardos*. Qualquer experiência de intervalo é um *bardo* e uma oportunidade para mantermo-nos despertos e conscientes em vez de ficarmos amarrados. Ouça o silêncio entre as notas. Uma riqueza extraordinária ressoa ali.

MOMENTOS DE ATENÇÃO PLENA

Um *Bardo* de Respiração

Existe um *bardo* momentâneo entre cada inspiração e expiração. Veja se você é capaz de senti-lo:

- Inspire totalmente, devagar, encha os pulmões e segure o ar.
- Tome consciência da plenitude do momento em que todo o seu corpo está em pausa; sinta-a em seu chakra do umbigo, seu ventre, seu *hara* (abaixo do umbigo): energizando, intensificando, harmonizando.
- Agora, devagar e suavemente, solte todo o ar e se mantenha assim por alguns momentos. Tendo se esvaziado por completo, sinta totalmente esse vazio.
- Agora, inspire novamente, totalmente, enchendo-se por completo.
- Segure o ar momentaneamente, então solte-o com um grande sopro ou um simples *ahhhh*....
- Deixe o ritmo de sua respiração se assentar e repouse com leveza no presente lúcido.

O que você observou? Você se manteve focado durante todo o exercício?

Preste atenção em alguns ciclos de sua respiração, de modo intencional e hiperconsciente. A cada vez, repare naquele pequeno espaço intermediário – no fim da expiração e antes da próxima inspiração. Repare como quase se pode sentir que o tempo para e o espaço começa a ficar vitalizado, potente e expectante.

Há um *bardo* entre um pensamento e outro também. Você consegue relaxar dentro desse momento, deixando sua consciência se expandir e a vastidão se revelar? Você consegue sentir como esse espaço é e pode ser amplo? Nas meditações avançadas, como a prática tibetana de *Mahamudra* ou da Grande Perspectiva, o discípulo busca entrar nesse intervalo entre os pensamentos para experimentar essa calma abundante chamada de *sunyata*. O budista chama esse intervalo de "útero radiante de vacuidade", um espaço vital onde habitam inúmeras escolhas e possibilidades, o alfa e o ômega de toda experiência e de todo ser.

Os sonhos também podem revelar vislumbres — cada um dos quais é semelhante a um *bardo* — do nosso próprio modo de ver e ser, constantemente mudando e ressurgindo. Eles evidenciam a transparência daquilo que geralmente acreditamos ser sólido e real, nos permitindo fazer a prática de sustentar nossa consciência e descobrir a nós mesmos sob uma luz diferente na escuridão do sono.

Os sonhos nos ajudam a não nos perdermos no passado, no presente ou no futuro. Momento a momento, dia a dia, os sonhos nos apontam o caminho para ver e estar no fluxo do Agora Eterno. No momento mesmo em que estamos sonhando, eles podem nos esclarecer em relação a quem pensamos que somos ou ao que achamos que estamos fazendo. Viver no sonho, apreciando a plenitude, o movimento e a fluidez do nosso ser, é sentir o fundamento sem fundamento e ficar à vontade na incerteza.

A Hora do Filme como um *Bardo*

Assistir a filmes é um dos meus *bardos* preferidos. O filme, tão comumente comparado ao sonho, é como um ponto de parada entre a realidade e a fantasia, exemplificando a mais profunda sabedoria perene sobre nossa necessidade de entender o drama, a alegria passageira e a beleza da vida enquanto somos assombrados pelos espectros sempre presentes da morte e da mudança e somos enriquecidos pelos sonhos criativos da imaginação, da história e do mito, da literatura, dos arquétipos e dos inimagináveis mistérios. Saboreio o momento em que a clara luz se projeta na tela e me concede uma magia vívida, um conto entrelaçado de vontade, inteligência e aflição. Adoro a natureza diáfana e a fantasmagoria bruxuleante da tela prateada, tão semelhante à consciência e a seus processos. A tela grande em si mesma simboliza as possibilidades abertas — isto é, a própria vacuidade ou vazio, chamado pelos budistas de *sunyata*, o aspecto maior da realidade, a verdade última do cinema.

Os diretores de filme fazem sua mágica para desacelerar e acelerar o tempo, fazê-lo adiantar ou retroceder, moldar e reintegrar o tempo de outras maneiras em um caleidoscópio colorido de imagens, sons e silêncios. A 24 quadros por segundo, o típico filme de celuloide de duas horas projeta 172.800 imagens separadas nas telas internas da nossa consciência. Mas mesmo assim percebemos a experiência (como a nós mesmos e aos dias e anos da nossa vida) como um conjunto unificado. Relaxe e aproveite o show.

O diretor Alfred Hitchcock, reconhecido mestre do suspense, manipulava o tempo conscientemente em seus filmes, até mesmo usando relógios como símbolos (de modo parecido com o artista surrealista Salvador Dalí em sua famosa

180 O Tempo do Buda

pintura de um relógio de bolso derretendo). Por exemplo, em *O Festim Diabólico*, um filme dramático sobre o sensacional caso de assassinato de Leopold e Loeb em Chicago, o ator Jimmy Stewart esfrega um metrônomo na cara do assassino, e a aparição de Hitchcock em *Janela Indiscreta* é no papel de um homem dando corda em um relógio.

O filme é como um holograma ou um fractal de tempo se enrolando e se desenrolando. Reflete nossa própria elasticidade temporal e espacial. Os melhores filmes, como toda boa arte, nos permitem ver as coisas de maneira nova e transcendente e transformar nossa vida. O que chamo de Meditação Cinematográfica, ou cine *samadhi*, é um estado de consciência não dualista no qual nos tornamos uno com aquilo que estamos observando. Pode ajudar a nos mantermos conscientes de que é apenas faz de conta enquanto nos debulhamos em lágrimas ou morremos de rir dentro do minissonho cinemático. Isso é uma lição sobre aquilo que o budismo tibetano chama de prática do Ioga Onírico ou Corpo Mágico. Ela se conserva após sairmos do cinema e nos ajuda a desvendar a ilusão da vida diária.

Anos atrás, em uma das raras ocasiões em que o ator budista Richard Gere realmente falou com seu mestre espiritual, o Dalai Lama, sobre sua carreira, o Dalai Lama perguntou se ele realmente se sentia triste ou feliz quando estava atuando e lhe era pedido que manifestasse tais emoções. Gere disse que sim, acrescentando que tinha de se colocar naqueles papéis como se os estivesse realmente vivendo, e o Dalai Lama gargalhou muito. Então perguntou a Gere: "Qual a diferença entre isso e aqueles momentos em que você não está atuando no palco, mas somente atuando no papel normal de sua vida?".

Gere disse que vem refletindo sobre esse enigma acerca da realidade e da natureza da identidade pessoal e da experiência interior pelos últimos 25 anos!

Mantenha a Mente no Estado de "Não Sei"

Imagine que você está passando por um intervalo especialmente difícil. E agora? Você pode usar esse potencial para ajudá-lo a tomar decisões e atravessar com sucesso as muitas situações confusas da vida. O centro da doutrina zen-budista é o "não saber", não estarmos limitados e controlados por nossos pensamentos conceituais e sentimentos egocêntricos subjetivos e pessoais. Manter a mente "iniciante", "original" ou inocentemente em estado de "não sei" significa eliminar pensamentos dispensáveis e simplesmente centralizar no que está acontecendo no agora, a única ocorrência que tem alguma verdade ou realidade, sem adicionar nenhum degrau conceitual.

O modo de avançarmos através de qualquer *bardo*, grande ou pequeno, é manter em vista um sonho ou um objetivo enquanto a mente foca nesse estado de "não sei". Isso nos ajuda a manter nossa vida em movimento e a lançar raízes quando estamos andando aos tropeços. Até mesmo o "não fazer" é uma forma de fazer e tem seus resultados inevitáveis. Então, podemos fixar um objetivo de vida e começar a caminhar em direção a ele, mas ainda assim nos mantermos abertos à possibilidade de que algo completamente diferente possa se desenvolver. Desse modo, descobriremos aquela consciência universal além do tempo e do espaço onde todas as mentes, corações e espíritos estão unificados.

O segredo de se deixar estar é deixar as coisas vir *e* ir e deixá-las ser. Não suprimi-las ou deixar-se levar por elas, mas fazer o melhor possível e então deixá-las estar. O que quer que aconteça, de acordo com as Cinco Perfeições, é o resultado certo para você. Ou, como foi dito tão lindamente no livro do Eclesiastes: "Tudo tem seu tempo determinado, e para todo propósito há um tempo debaixo do céu".

Podemos tolerar não saber e não termos o poder de controlar as coisas? Ou pensamos erroneamente que estamos no comando? Quem pode viver no desconhecimento e na surpresa do processo da descoberta? Meu mestre zen na Coreia, KuSan Sunnim (Nove Montanhas), costumava nos pedir para contemplar este koan ou charada zen: *O que é isto? E o que é isto? E isto?* Muitas vezes nossa mente se fixa e esquecemos que a vida é fluida, num constante processo de cocriação.

Sempre de Novo

Recentemente acompanhei Sua Santidade, o Décimo Segundo Gyalwang Drukpa Rinpoche, à cidade de Nova York, onde ele recebeu o Prêmio Objetivos de Desenvolvimento do Milênio da ONU pelos esforços humanitários de sua *Live to Love Foundation* [Fundação Viva para Amar] nas áreas mais pobres da região do Himalaia. O Lama Drukpa (Dragão) raramente dorme e quase nunca menciona suas próprias realizações espirituais (sem falar nos poderes paranormais prodigiosos pelos quais é renomado). Mas uma noite, enquanto estávamos batendo papo sobre nossos assuntos de lama até bem tarde, ele mencionou que recentemente havia descoberto e entronizado cerimoniosamente um jovem garoto tibetano de Boston como *tulku* (reencarnação reconhecida) de Gyalwa Lorepa. Esse mestre iogue e santo maravilhosamente iluminado de sua própria linhagem Drukpa Kagyu não havia renascido nos últimos 760 anos.

Quando perguntei a Rinpoche como havia descoberto o garoto — se por presságios, sonhos, astrologia tibetana ou possivelmente adivinhação por dados ou rosários, como alguns lamas fazem —, ele me disse simplesmente: "Meditação".

"Algum tipo de meditação especial?", perguntei, considerando quanto tais lamas são conhecidos por seus meios hábeis profundos e esotéricos.

"Claridade luminosa", foi tudo o que disse.

"O senhor foi a algum lugar especial para esse propósito?", perguntei, pensando em lugares no Tibete, por exemplo — talvez um local sagrado, de peregrinação, uma caverna sagrada, um lago ou o topo de uma montanha onde se sabe que grandes lamas e oráculos sempre foram para buscar visões sobre onde localizar o renascimento do Dalai Lama e de outros grandes *tulkus* da hierarquia budista tibetana.

Ele somente riu, e finalmente disse, "Na verdade, não".

"Onde estava aquele mestre Lorepa pelos últimos seis ou sete séculos, desde que ele morreu sete séculos atrás no Tibete?", continuei, sem me intimidar.

"Lá fora em algum lugar fazendo seu trabalho de Dharma, sem dúvida", Rinpoche respondeu enigmaticamente.

Entendi isso como um sinal para não procurar me aprofundar mais naqueles mistérios espirituais arcanos do tempo, do espaço e da Mente Búdica/consciência iluminada. Mas mais tarde descobri que o estudante de 11 anos de Boston foi recebido com muitas aclamações no Butão, após Gyalwang Drukpa tê-lo reconhecido pessoalmente e tê-lo trazido para o subcontinente indiano para continuar seus estudos e sua prática espiritual. Ele trocou sua vida americana por um mosteiro em Darjeeling para completar seu destino como líder espiritual, adorado como uma das figuras mais sagradas da fé budista.

Seus pais dizem que primeiro tomavam as conversas do garoto sobre uma "vida passada" como uma fantasia, mas começaram a levá-lo a sério quando ele entrou em um transe no qual relatou a história de sua vida anterior como Gyalwa Lorepa, que morreu no Tibete em 1250 e foi o fundador de uma das principais escolas do budismo tibetano. No transe também descreveu detalhadamente um mosteiro budista com um dragão de mais de dez metros no teto — um local que nunca havia visitado.

Quando lhe perguntaram se gostaria de retornar a Boston, o garoto disse que queria ficar e cumprir com suas responsabilidades. "Sentirei falta de ir à escola, mas estou feliz com meu novo papel. Gosto daqui", ele disse.

No budismo, a reencarnação é o processo eterno de vir a ser e evoluir (ainda que às vezes voltando um pouco atrás) enquanto tentamos completar nossas lições aqui, na sala de aula de nossa vida. Cada vida é uma oportunidade para "limpar a casa" e para fazer escolhas melhores, incrementando e amadurecendo nossa consciência espiritual. O próprio Buda disse, a respeito do renascimento e do desdobramento kármico: "Se você deseja saber como eram suas vidas passadas, olhe para como você é agora. Se você quer saber sobre suas vidas futuras, olhe o que você vem fazendo e como está sendo agora".

Da perspectiva budista, a reencarnação é um ciclo de crescimento e aprendizado no decorrer de muitas vidas. Quer acreditemos em reencarnação ou não, seu conceito oferece oportunidades tremendas para a reflexão e o autodesenvolvimento. O fluxo infinito do tempo é uma lente poderosa através da qual examinamos os padrões da nossa vida e descobrimos que nós e nossas escolhas não somos sempre os mesmos. Nossa história — nossa vida — evolui. Cometemos erros, mas não temos que nos definir por tais erros. Nossa vida não para repentinamente quando atingimos um grande objetivo de vida, nem deveria. A vida continua a fluir, em uma miríade de formas e caminhos. Aqui estão alguns caminhos que podemos investigar mais profundamente, com a compreensão da fluidez e do movimento que envolvem nossos momentos e nossos dias.

- Podemos examinar nosso passado para ter uma nova perspectiva de nossa história, descobrir o que é verdadeiro, nos libertar de histórias e roteiros inúteis e criar uma linhagem positiva de força, cuidado e sabedoria para aqueles que vêm depois de nós.

- Podemos reconhecer que somos o resultado de nosso passado, individual e coletivamente.

- Podemos ver que nossas ações presentes se prolongam e têm repercussões no futuro, nesta vida e nas vidas subsequentes.

- Podemos entender que nossas ações afetam não somente a nós, mas também aos outros que nos cercam e ao futuro dessas pessoas; nossas ações também afetam todo o ambiente, do qual todos somos uma parte significativa.

- Podemos, portanto, adquirir um novo respeito pela importância de cada pensamento, cada intenção, cada palavra, cada ato e cada relacionamento, a cada momento, porque essas são as sementes férteis do futuro. Uma ação, quando repetida, pode se tornar um padrão, depois um hábito enraizado, e define o caráter, o karma e o destino.

Assim como o budismo e outras grandes religiões ensinam, no nível mais profundo o pessoal e o planetário são indivisíveis. O entendimento dos ciclos e ritmos de tempo maiores vai nos ajudar a levar vidas mais equilibradas e plenas durante o desenrolar de nossos dias e anos. Todos nós sabemos intuitivamente que o tempo está acelerando. Em um nível, todos vivenciamos isso em nossa própria vida. As férias de verão parecem durar uma eternidade quando somos jovens, por exemplo, mas quando estamos na meia-idade elas passam voando, num piscar de olhos. Como você sem dúvida percebeu, nossa noção e percepção do tempo muda à medida que envelhecemos. Pode ser porque um dia ou um ano são uma porcentagem muito menor de nossa vida quando envelhecemos, então parecem mais curtos. Do mesmo modo, em uma escala mais ampla, um estudo da história mundial propôs que o tempo em si está literalmente acelerando.

Em *One Peaceful World: Creating a Healthy and Harmonious Mind, Home, and World Community* [Um Mundo Pacífico: Criando uma Mente, um Lar e uma Comunidade Mundial Saudáveis e Harmoniosos], o educador Michio Kushi vê a história como uma espiral gigante ou um náutilo. As horas se desenrolam como um relógio. Os doze segmentos (veja o diagrama da pág. 186) não são iguais mas, porque a espiral é logarítmica, vão diminuindo aos poucos em tamanho e duração. As primeiras seções se acabam depois de mil anos, enquanto a última dura menos de cinquenta anos.

Por causa da natureza espiralada do desenvolvimento histórico, a história realmente se repete em certo grau. Por exemplo, o período de intensa atividade guerreira marcado pelas Cruzadas e pelas invasões mongóis um milênio atrás ocorreu no mesmo ponto em sua era em que a Primeira e a Segunda Guerras Mundiais ocorreram em nossa. Do mesmo modo, o período dos descobrimentos, que presenciou o estabelecimento de contato entre o Ocidente e o Oriente e entre o Novo e o Velho Mundos, cai na mesma seção de sua era que a era espacial moderna, que testemunhou o lançamento dos primeiros satélites terrestres e a viagem à Lua.

Cada órbita da espiral tem aproximadamente um terço do tempo da outra. Em outras palavras, cada período muda com três vezes a velocidade da era anterior. Historicamente, a mudança na sociedade assim como o desenvolvimento da tecnologia e da consciência aceleraram exponencialmente. Por exemplo, dentro dos tempos históricos o uso do fogo aumentou exponencialmente como fonte de combustível para cozinhar, para aquecimento de casas e energia metalúrgica; e outra energia tecnológica mudou da madeira para o carvão vegetal (aproximadamente 3 mil anos), do carvão vegetal para o carvão mineral (aproximadamente mil anos), do carvão para o petróleo (aproximadamente trezentos anos), do petróleo para a eletricidade (aproximadamente cem anos) e da eletricidade para a energia nuclear (aproximadamente trinta anos).

Os próximos 25 a trinta anos — mostrados no centro do desenho pela pequena linha pontilhada semicircular no topo — vão ser o período de maior contração, enquanto passamos pelo centro da espiral histórica voltando milhares de anos para trás. Nossa era atual é uma época de alta pressão, a última órbita que começou aproximadamente em 1980. A alta pressão se manifesta deste modo:

1. Alta velocidade (rápidos avanços nos meios de transporte, comunicações e sequenciamento de DNA)
2. Alta produção (aumento da mecanização e do consumo)
3. Alta eficiência (a introdução de computadores, robótica e celulares)
4. Alto metabolismo e aumento de consumo de nutrientes (a difusão global de dietas com muitas calorias, proteínas, gorduras e açúcares)

186   O Tempo do Buda

A GRANDE RODA DO TEMPO

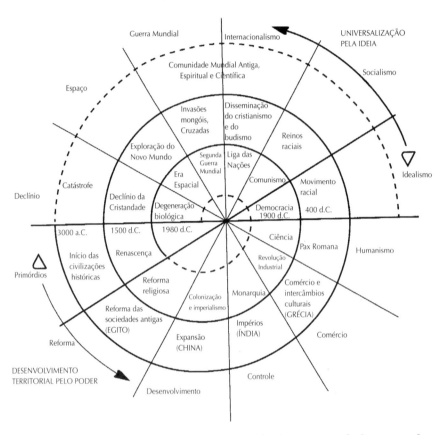

5. Movimentação rápida (circulação rápida de pessoas, dinheiro e informações)

Sob essa pressão de aceleração, muitas coisas estão excedendo seus níveis de tolerância e estão começando a se desintegrar: o clima e o meio ambiente, o sistema financeiro e outras instituições da sociedade, a estrutura familiar, a estabilidade mental e psicológica das pessoas e a estabilidade celular dos órgãos, tecidos e células.

No período seguinte, todos os aspectos das ocupações humanas — religiosas e científicas, políticas e econômicas, sociais e culturais, nacionais e internacionais, individuais e universais, materiais e espirituais, climáticas e ambientais — vão convergir enquanto a espiral histórica acelera. Esse era vai ser o período mais confuso, complicado, competitivo e denso que a humanidade jamais vivenciou.

É governado em grande escala pela artificialização em todos os níveis: alimentos, energia, medicina, arte, tecnologia e ideologias.

No entanto, enquanto a espiral centrípeta presente termina, uma nova espiral centrífuga já começou a se formar dentro da antiga. Uma nova era está despontando, suas sementes germinando por milhares de anos nos ensinamentos de Moisés, Buda, Lao-tse, Confúcio, Jesus, Maomé, Hildegarda de Bingen, Rumi, Susan B. Anthony, Gandhi, Martin Luther King, o Dalai Lama, Nelson Mandela, Thich Nhat Hanh, Desmond Tutu e outros profetas da humanidade. Essa contratendência também está ganhando vida e pode ser descrita como natural, orgânica, sustentável, holística, cooperativa e espiritual. Esse é o potencial para o começo de um novo ciclo de paz e harmonia que pode levar à nossa cocriação de um planeta iluminado e durar milhares de anos.

A possibilidade de contribuir para esse despertar é inerente a cada momento.

Uma Sintonização Planetária

Quanto mais nos conscientizamos da nossa energia e da dos outros seres humanos, mais nos sintonizamos com a energia da Terra. Ligar o alto e o baixo, o sagrado e o profano, o cósmico e o cotidiano, o masculino e o feminino — em resumo, harmonizar todas as polaridades da vida — é a essência de perceber todo o nosso potencial como seres humanos. E ao nos equilibrarmos e curarmos, podemos ajudar a curar o mundo.

Pesquisas recentes dão a entender que a frequência principal da Terra está mudando. Cientistas relatam que as ressonâncias de Schumann — ondas eletromagnéticas que foram identificadas como as frequências naturais da Terra — estão agora se tornando mais aceleradas, ameaçando potencialmente toda a biosfera. Como o aquecimento global, a causa primária dessa elevação parece ser a atividade humana. Especificamente, o tremendo aumento da radiação eletromagnética artificial proveniente de satélites, celulares, computadores, televisores e outros dispositivos eletrônicos militares e civis e redes de comunicações estão obscurecendo o pulso constante da Terra de 7,83 hertz. A eletropoluição interfere no sistema imunológico, aumenta o estresse e a fadiga e contribui para outros desequilíbrios físicos, emocionais e mentais. Estamos cada vez menos sintonizados com a natureza e o cosmos.

Para ajudar a recuperar o equilíbrio, é importante evitar ou minimizar o uso da radiação eletromagnética artificial. Há uma variedade de ressonadores pequenos, portáteis, que simulam as ressonâncias de Schumann e que podem ser usados em casa ou no escritório. Mas a melhor maneira de recuperar a harmonia com o planeta e de normalizar nossos ritmos circadianos pessoais é meditar regularmente. Como mostram as pesquisas, a meditação gera uma cascata de ritmos alfa, teta e gama através do cérebro e do sistema nervoso central, inundando todos os chakras, os meridianos, os órgãos, os tecidos e as células com uma energia vital e saudável. Somente muitos minutos de meditação por dia — começando com o exercício básico "Respire, Sorria, Relaxe" seguido por uma meditação curta de atenção plena ou de presença — vão nos ligar com a frequência natural da Terra, reiniciar nosso relógio interno e nos renovar e revigorar para o dia todo. E assim como o pulso rítmico do planeta vai ajudar a unificar nosso corpo, mente e espírito, a vibração que criarmos vai ajudar a sustentar a Terra e sua biodiversidade extraordinária. A ciência moderna mostrou agora empiricamente o que a antiga sabedoria budista já proclamava havia muitos anos: todos os seres sencientes estão sintonizados na mesma frequência.

Imagine, se puder, como seria deixar por um dia a confusão e o estresse da vida cotidiana, sair pela porta e ter uma epifania — uma visão gloriosa do tempo como uma roda brilhante diante de você. Imagine-se tendo uma revelação não somente sobre a espiral da história mas também sobre a origem do cosmos, da criação do nosso planeta e dos mecanismos do sistema solar, da galáxia e do universo inteiro, repentinamente radiantes e claros em sua mente.

Mas não como num documentário de ciências ou numa TV de alta definição, nem num filme de Hollywood em 3-D ou numa experiência de realidade virtual. Seria, ao contrário, uma percepção luminosa de como tudo se encaixa — e do seu papel em tudo isso. Imagine-se repentinamente compreendendo como a energia do corpo humano flui, com todas as suas funções e processos, incluindo a gestação e o nascimento e os diferentes níveis de consciência. Imagine-se repentinamente compreendendo como sua mente espiritual funciona e é parte inseparável da consciência universal da Mente Búdica. Imagine-se tendo um vislumbre daquele relógio precioso e cuidadosamente ajustado aqui no tempo e no espaço terrestres.

E então imagine-se sendo transformado quando você finalmente compreende como tudo se encaixa, como o simples fato de estar aqui tem um sentido divino e perfeito. Essa visão é um dos ensinamentos esotéricos mais secretos do budismo tibetano. É uma imagem do *Kalachakra*, a Grande Roda do Tempo que emana em espiral dos recantos mais profundos de nossa mente espiritual e nos envolve, nos ativa e forma a base de todas as nossas experiências. De fato, a experiência que descrevo vem sendo encenada em uma cerimônia esotérica de iniciação tântrica há milhares de anos. Uma das maiores bênçãos do Dalai Lama vem sendo a de compartilhar o poder do *Kalachakra* com o mundo, uma missão para nos trazer de volta o equilíbrio e para ajudar a promover a paz mundial.

Para se preparar para a cerimônia de iniciação do *Kalachakra*, um grupo seleto de monges altamente treinados passa um período de aproximadamente três semanas criando diligentemente em uma superfície horizontal — que simboliza a extensão sem fronteiras do tempo e do espaço — uma mandala circular de aproximadamente dois metros de diâmetro, com pó de pedra fino e ricamente colorido com pigmentos. Enquanto os monges trabalham, suas preces e sua energia viva de atenção vão criando, grão por grão, um desenho de pó extremamente vívido e complexo de 722 divindades — que são diferentes manifestações da divindade suprema de meditação Kalachakra — junto com símbolos em sânscrito, implementos sagrados, figuras humanas, animais e vegetais e outros elementos místicos.

Quando a mandala está terminada, ela serve como um vórtice altamente energizado com a energia viva manifestada por meio das preces, dos cantos, das visualizações e das meditações concentradas e devotas dos monges. É uma representação microcósmica do tempo e do espaço sagrados. Tomar parte na criação do *Kalachakra*, durante todos aqueles minutos, horas, dias e semanas, é se tornar a Roda maravilhosa em si.

Poderia haver uma sintonização cósmica mais poderosa? E ela não afeta somente os monges, não afeta somente aqueles discípulos para quem ver a mandala é o ápice da preparação de doze dias para receber o ensinamento e a experiência contemplativa da cerimônia de iniciação que vem a seguir. Afeta todos os que são tocados consciente ou inconscientemente por suas vibrações.

190   O Tempo do Buda

O Dalai Lama explica: "Esse é um modo de se plantar uma semente, e a semente vai ter um efeito kármico. Não é preciso estar presente na cerimônia de *Kalachakra* para receber seus benefícios". A cerimônia, com toda sua energia acumulada, é uma bênção para o mundo inteiro. Sua Santidade realizou essa cerimônia como uma bênção e uma oferenda de paz em dezenas de ocasiões durante sua vida, em momentos e locais cruciais do mundo, escolhidos de acordo com a astrologia e as artes divinatórias do budismo tibetano.

A mandala *Kalachakra* foi criada em diversos lugares, como o Madison Square Garden em Nova York; Barcelona; Toronto; Sidney, Austrália; Bloomington, Indiana; e Madison, Wisconsin; assim como em muitos lugares da Índia e do Nepal. Eu mesmo experimentei essa energização cósmica feita pelo Dalai Lama em BodhGaya, perto da Árvore Bodhi, junto com uma multidão de indianos em 1974. No fim do período em que a mandala pode ser visitada, período esse que pode durar várias semanas, há uma cerimônia de dessacralização. Toda figura sagrada é destruída — outra lição de impermanência e desapego. A areia é varrida, colocada em um pote e então despejada em um lago ou no mar para se dispersar e espalhar as bênçãos pelo universo.

Desse modo, a cada criação desse mistério profundo, a Grande Roda do Tempo inunda o mundo com uma poderosa transmissão de energia de orações. Vamos encontrar a paz e fazer a paz, *nos tornar* a paz — para o benefício de um e de todos.

Para alguns, a *Kalachakra* pode dar a impressão de ser apenas um produto cultural interessante. Mas ela também pode nos lembrar de juntarmos os melhores grãos de areia da nossa vida, reunirmos nossas melhores intenções e, através do poder supremo da mente iluminada, mandá-las como sementes de energia curativa para o mundo e para o futuro.

PAUSA PARA REFLEXÃO

Inspirando o Futuro, Expirando o Passado

Levante os braços
e abaixe-os.
Inspire enquanto levanta os braços,
expire enquanto os abaixa. Mais uma vez,

inspire enquanto os levanta,
expire enquanto os abaixa.
Inspire e levante os braços, enchendo
e estimulando, energizando, completando, expandindo;
expirando e desacelerando, esvaziando, diminuindo, dissolvendo.
Inspirando e enchendo, despontando,
inspirando o futuro e a esperança;
expirando e desacelerando, deixando o passado para trás,
dissolvendo e desaparecendo,
firmando-se no presente.
Inspirando e enchendo todo o universo,
uma grande esfera de totalidade, e expirando enquanto desacelera e dissolve.
Inspire e levante os braços, enchendo
e estimulando, energizando, enchendo, expandindo;
expirando e desacelerando, esvaziando, diminuindo, dissolvendo.
Inspirando e enchendo, despontando,
inspirando vidas futuras e esperança;
expirando vidas passadas e deixando todas as decepções,
arrependimentos e preocupações passadas para trás, todos se dissolvendo e
desaparecendo.
Inspirando e despontando, enchendo todo o universo,
e expirando enquanto abaixa os braços,
relaxando, dissolvendo, esquecendo e deixando estar.
Perdendo-se e
encontrando seu Si Mesmo verdadeiro,
descanse na abertura luminosa e central enquanto sua respiração
suavemente volta ao normal
e você saboreia o momento luminoso
da consciência do agora,
em casa consigo mesmo,
sendo puramente, somente sendo
livre e completo.

A época em que vivemos é em si mesma um *bardo* — um tempo de grande incerteza entre milhares de gerações de sustentabilidade relativa e o futuro do *Homo sapiens* neste planeta. Sobreviveremos? Isso não é garantido de maneira nenhuma. Neste tempo de mudanças chocantes, constantes e imprevisíveis, encaramos a possibilidade de que a vida humana na Terra possa não se sustentar por mais um século, ou até menos. Podemos seguir nosso caminho separadamente, individualmente e viver para nosso próprio prazer pessoal. Ou podemos combinar nossa energia coletiva e criar, juntos, um "Fuso Horário Global". Em vez de competir por riquezas temporárias e ilusões de segurança, podemos compartilhar a sabedoria de que, na plenitude do tempo, com nossa maravilhosa tecnologia moderna, nossas comunicações, nossos meios de transporte e outros produtos do nosso engenho, há mais do que suficiente para todos. Podemos decidir nos tornar administradores conscientes deste planeta, as crianças inteligentes e os idosos sábios que desejamos ver neste mundo, para o benefício das gerações presentes e futuras.

A verdade é que este é o mundo que nos foi prometido, esta é a terra prometida — quando estamos genuinamente despertos para ela. Esta terra é como um altar, e nós somos os deuses e deusas sobre ele. Acredito firmemente que é nossa incumbência agir e viver de acordo com isso, para nosso benefício e o das gerações futuras. Será que realmente temos alguma outra escolha viável?

Quando um aluno visitante pediu a Suzuki Roshi que descrevesse o budismo em duas palavras, sua resposta, que ficou famosa, foi: "Tudo muda". Hoje em dia, tanto o tempo quanto a mudança estão acelerando e estamos em uma encruzilhada no que diz respeito ao desenvolvimento humano. Para que floresça uma existência coletiva mais pacífica, harmoniosa e alegre, a sabedoria budista nos lembra que a compaixão precisa ser expressada como bondade nas ações. Em favor do nosso meio ambiente global e da nossa sociedade, promovemos uma atitude altruísta, de reciprocidade e ligação entre as pessoas. Como o Dalai Lama disse recentemente: "Ajude a cultivar a paz mundial através do cultivo da paz interior junto com o compromisso social altruísta e a ação compassiva. Assuma agora a responsabilidade por um mundo melhor e mais seguro".

O momento é apropriado para uma mudança positiva e intencional, e cada momento representa um ponto de escolha. Se você não agir, quem agirá? E se não agora, quando?

Conclusão

AS INFINITAS POSSIBILIDADES DO AGORA

Você pode ter decidido ler este livro num momento em que não estava se relacionando bem com o tempo, em que estava se sentido sobrecarregado e pressionado e achando que era impossível fazer tudo que precisava a cada dia. Espero e confio que você agora tenha um entendimento completo do tempo em si e de como você pode ter com ele uma aliança mais suave, harmoniosa e otimista. Mick Jagger estava certo: o tempo *está* do seu lado. Ao incorporar a atenção compassiva e as técnicas de meditação em sua vida e ao viver de acordo com os princípios budistas da consciência do agora, do equilíbrio e da bondade, você se tornará capaz de aproveitar ao máximo cada momento — não sendo mais uma vítima do tempo, mas sim um amigo, colega e cocriador. Você pode sentir por si mesmo as alegrias de viver no Tempo do Buda.

Eu comparo a vida no Tempo do Buda com andar de bicicleta; pode ser difícil no começo, mas a certa altura conseguimos fazê-lo instintivamente, deixando de lado a rigidez e fazendo ajustes de equilíbrio constantes e quase imperceptíveis ao manobrar num terreno que muda o tempo todo. Além da consciência da energia e das polaridades, isso envolve a perpétua atenção plena aos pensamentos, às intenções, às palavras e às ações, bem como aos ecos kármicos de tudo isso. Quanto mais você se tornar atento, mais capaz será de pedalar com intenção, propósito e clareza. Aprofundar e refinar a consciência para poder viver completamente no Tempo do Buda é algo para se experimentar e brincar durante toda a vida (ou vidas). Você vai se sentir grato pelos benefícios que colher. Pense em Dorothy no filme *O Mágico de Oz*. Quando ela aterrissou em Oz, tudo explodiu em cores vivas.

194 O Tempo do Buda

Quando você treina a mente, sua percepção da vida se torna incrivelmente rica e vibrante. Você sai das planícies para mundos multidimensionais onde os relacionamentos, o sentido da vida e o espírito são genuínos.

O termo que designa o ato de viver total e completamente no Tempo do Buda — usando a atenção plena, a meditação, a consciência do agora e a compaixão — é *iluminação*. É um nível espiritual elevado, mas ao seu alcance. E, do pessoal para o planetário, aumenta nosso quociente de felicidade e bem-estar coletivo.

Algumas pessoas pensam que é necessário batalhar para se conseguir a iluminação, e não só agora, mas até mesmo por muitas vidas. Outras dizem que trabalhar para adquiri-la é contrário a realmente adquiri-la, pois o excesso de importância atribuída a um objetivo futuro obscurece a realidade do aqui e agora. Ainda que essas sejam somente maneiras conceituais de se pensar, eu mesmo tendo a favorecer a abordagem mais não dualista do Caminho do Meio. Ela equilibra a satisfação de estar onde você está com o Esforço Correto; equilibra uma aceitação radical com um compromisso compassivo com a transformação tanto do nível individual quanto do nível coletivo. Eu chamo isso de "estar lá enquanto se vai para lá, a cada passo do caminho".

A vida iluminada não é uma proposta "oito ou oitenta", na qual ou você está iluminado ou não está. Tradicionalmente se ensina que há diversos níveis de iluminação e consciência, e que os tocamos em diferentes pontos durante o caminho até que nossa consciência cósmica esteja totalmente realizada e estabilizada; nesse ponto não é mais possível voltar atrás. Trata-se aí da iluminação perfeita, inigualável e total. Por outro lado, mesmo um momento de consciência e transparência verdadeiras é um momento de liberdade e iluminação perfeitas. Eu próprio posso dar testemunho disso, como também as sagradas escrituras. Espero que você mesmo o compreenda depois de ler este livro. Podemos entrar no Tempo do Buda a qualquer momento. Não temos de esperar por uma experiência de iluminação messiânica, mas podemos adentrar o reino do nirvana aqui e agora, através da consciência desperta; esse é nosso direito inato e também nosso legado para as gerações futuras, na medida em que pudermos mantê-lo e defendê-lo.

Quando você fizer as pazes com o tempo e não estiver mais apressado e pressionado, descobrirá que um espaço de novas possibilidades misteriosamente se abre. Cada momento é uma porta de entrada para o estado divino de graça. A paciência é uma faceta da joia do amor, dando tempo suficiente para que se crie intimidade nos relacionamentos em vez de senti-los como navios atravessando a noite. A pressa na vida gera esse tipo de sensação. A calma mental, a centralização e a claridade, por outro lado, proporcionam uma pausa curativa na atividade frenética de nossa vida. Meher Baba, um renomado santo indiano do século passado, costumava dizer (escrevendo numa lousa, uma vez que ele guardou silêncio durante décadas): "Uma mente muito rápida e inconstante está doente. Uma mente vagarosa, constante e estável está sã. Uma mente que está quieta é divina".

Algumas pessoas acreditam numa vida após a morte cheia de anjos e de espíritos amorosos. Mas existem anjos/bodisatvas aqui e agora, entre nós e até mesmo dentro de nós. E você pode aprender a sentir o atemporal a cada instante — o paraíso na Terra. Pode dar suas bênçãos e sua graça para todos aqueles que encontrar. Pode cumprimentar o Sol dourado de manhãzinha, dar água para as plantas, colocar sementes e castanhas para os esquilos e os pássaros, sentir compaixão por amigos e estranhos, perdoar aqueles que lhe fizeram mal, dar esmola aos pobres e sorrir para qualquer um que você vier a encontrar, contribuir com tempo e dinheiro para causas que valem a pena, cuidar de sua comunidade local, proteger o meio ambiente e mandar pensamentos de paz para locais longínquos onde ocorreram tragédias. Você vai se acalmar e também enviar ondas de bondade e bons sentimentos. A generosidade nobre é extraordinariamente recompensadora. Existe algum presente melhor que você pode dar a si mesmo e ao mundo?

Este momento, agora, é perfeito, é a eternidade dourada. Cabe a você tomá-lo para si e se sentir em casa nele, usando-o sabiamente, deleitando-se no espaço entre os pensamentos, nas transições entre as atividades, criando pequenos oásis de paz onde quer que você esteja, independentemente de suas circunstâncias externas. Essa liberdade e autonomia espirituais são o que os místicos medievais chamavam de "descanso honrado". Você o merece.

Eu gostaria de deixá-lo com dez pensamentos para ajudá-lo a viver no Tempo do Buda em todos os momentos, dias e anos de sua vida.

Dez Dicas e Sugestões para Fazer Amizade com o Tempo

1. Descanse na respiração enquanto se desprende de todos os pensamentos, preocupações, planos e problemas.
2. Conscientize-se das sensações físicas que você está tendo agora.
3. Sinta a terra sob seus pés ou o assento que lhe sustenta.
4. Entoe um mantra ou frase sagrada muitas vezes, com concentração pura e indivisa.
5. Faça contato visual com as outras pessoas e sinta compaixão e bondade para com quem quer que esteja com você.
6. Sorria para alguém, abrace alguém ou ajude alguém.
7. Vá para fora e faça contato com a natureza através do céu, das nuvens, de um lago, da terra entre seus dedos ou de qualquer outra manifestação do magnífico mundo natural.
8. Leia palavras sagradas das tradições e escrituras de sabedoria do mundo.
9. Faça uma pausa, uma pausa sagrada, um "descanso honrado" pelo menos uma vez por semana — num sábado ou mesmo por uma hora ou duas —, se não todo dia.
10. Ouça música, cante, dance, crie, reze e brinque.

Agora respire, sorria e relaxe... Você tem tempo.

AGRADECIMENTOS

Este é o momento e o lugar perfeitos para agradecer às pessoas certas pela generosa e excelente ajuda que me deram para escrever este livro. Agradeço primeiro à minha extraordinária equipe — meu editor Gideon Weil e minha agente literária Susan Lee Cohen — sem a qual este livro não existiria. Agradeço também a Alex Jack, Rondi Lightmark, Linda Carbone e Alice Peck pela ajuda paciente. Obrigado, por fim, a Maria Schulman, Carl Walesa, Carolyn Holland, Leslie McLain, Christopher e Daniela Coriat e Roz e Dan Stark por me ajudarem nesse processo; e à minha maravilhosa assistente Kathleen Albanese.

Que eles sejam abençoados com toda a bondade e toda a alegria enquanto gozam de seu tempo neste mundo.

SOBRE O CENTRO DZOGCHEN

O Lama Surya Das, com Nyoshul Khenpo Rinpoche, fundou o Centro Dzogchen em 1991 para promover a transmissão das práticas contemplativas budistas e da vida atenta para o público ocidental, transformando esses ensinamentos em formas eficazes que ajudam a aliviar o sofrimento e a criar uma civilização baseada na sabedoria e na compaixão.

O site do Centro Dzogchen, www.dzogchen.org, é fonte de informações constantemente atualizadas sobre tudo o que se refere ao Centro Dzogchen: aulas, retiros, grupos locais de meditação, *podcasts* e filiação *on-line*. Outras informações podem ser encontradas em www.surya.org.

PRÓXIMOS LANÇAMENTOS

Para receber informações sobre os lançamentos da
Editora Cultrix, basta cadastrar-se
no site: www.editoracultrix.com.br

Para enviar seus comentários sobre este livro,
visite o site www.editoracultrix.com.br ou mande
um e-mail para atendimento@editoracultrix.com.br